统计分析在企业财务管理中的应用研究

华 忠　王绡荔　郭志爽　著

延吉·延边大学出版社

图书在版编目（CIP）数据

统计分析在企业财务管理中的应用研究 / 华忠，王
绡荔，郭志爽著. -- 延吉：延边大学出版社，2023.11
ISBN 978-7-230-06038-7

Ⅰ．①统… Ⅱ．①华… ②王… ③郭… Ⅲ．①统计分
析－应用－企业管理－财务管理－研究 Ⅳ．①F275

中国国家版本馆 CIP 数据核字(2023)第 248281 号

统计分析在企业财务管理中的应用研究

著　　者：华　忠　王绡荔　郭志爽
责任编辑：胡巍洋
封面设计：文合文化
出版发行：延边大学出版社
社　　址：吉林省延吉市公园路 977 号　　　邮　编：133002
网　　址：http://www.ydcbs.com
E-mail：ydcbs@ydcbs.com
电　　话：0433-2732435　　　　　传　真：0433-2732434
发行电话：0433-2733056
印　　刷：延边延大兴业数码印务有限责任公司
开　　本：787 mm×1092 mm　1/16
印　　张：9.75　　　　　　　字　数：200 千字
版　　次：2023 年 11 月　第 1 版
印　　次：2023 年 12 月　第 1 次印刷
ISBN 978-7-230-06038-7

定　　价：68.00 元

前　　言

自改革开放以来，我国的市场经济面临着诸多机会，与此同时，也面临着巨大的挑战。尤其是市场竞争日益激烈，许多企业为了获得更大的市场份额，不断提高自己的竞争优势，以此来激活企业的活力。而在企业的经营活动当中，企业的财务管理部门需要分析大量的数据和信息来为企业管理提供决策信息，并为相关利益者提供企业的财务状况，这时为了完成数据的分析就需要运用统计分析这一手段。一般来说，统计分析是在数据的设计、调查、整理之后进行的一项统计工作，它主要是根据科学的方法来收集一些统计数据，然后再运用具体的方法对这些数据进行定性和定量的分析。这样，统计工作才能对企业生产经营过程中产生的数据进行全面、系统的记录。因此，在日益加剧的市场竞争下，为了能够给企业的管理者和相关利益人员提供有价值的决策信息，统计分析在财务管理中得到了广泛的应用。

统计学是一门应用广泛的学科，需要经过数据的收集、整理和分析等过程，并且广泛应用于管理学、医学、经济学和心理学等诸多领域当中。而统计分析作为统计学当中的一种科学方法，需要运用统计的方法从定量和定性的角度来综合考虑问题。因此，在企业的财务管理过程中，以经济理论为依据，通过应用统计学的科学方法，不断提高企业资金的组织和管理效率，以此来协调单位各部门与财务部门之间的关系。鉴于此，在企业的财务管理中应用统计分析，其具体过程如下：首先，通过收集企业生产经营过程中的数据来了解单位系统当中的变异问题，并进行程序控制来为企业管理者的决策提供数据支持，这样能够提高企业的营运能力、偿债能力和盈利能力；其次，分析企业的产品收入、成本、费用等数据，这样能够提高企业的财务分析效率；最后，对企业在投资、营运过程中产生的科学数据进行分析，从而实现企业社会效益最大化。所以，在企业管理中，统计分析和财务管理是相辅相成、密不可分的，统计分析为企业的财务管理提供了大量的数据和信息，并且通过这种方法使财务管理和统计的资料实现共享性；与此同时，企业的财务管理推动了统计分析的发展，使统计学的应用更加广泛，不仅包含了一些经济活动的信息统计管理，还包括其他行业数据信息的统计管理。因此，在企业的财务管理中，依据统计分析，才能使企业的财务管理工作更加科学和完善。

本书在撰写的过程中，参考、借鉴了大量著作与部分学者的理论研究成果，在此一并表示感谢。由于作者精力有限，加之行文仓促，书中难免存在疏漏与不足之处，望各位专家学者与广大读者批评指正，以使本书更加完善。

目 录

第一章 企业财务管理概述 ·· 1

    第一节 企业财务管理的概念、内容与特点 ·················· 3

    第二节 财务管理的目标 ·· 6

    第三节 财务管理的原则 ·· 8

    第四节 财务管理的体制 ·· 10

    第五节 财务管理的基本环节 ··· 12

第二章 统计数据的搜集与整理 ··· 13

    第一节 统计数据的搜集 ·· 15

    第二节 统计数据的整理 ·· 33

第三章 统计指数 ··· 43

    第一节 统计指数概述 ··· 45

    第二节 综合指数的编制 ·· 54

    第三节 指数因素分析 ··· 60

    第四节 常见的统计指数 ·· 64

第四章 统计分析方法与应用 ··· 69

    第一节 常见的统计分析方法 ··· 71

    第二节 财务管理过程中需要注意的问题 ······················ 74

    第三节 财务管理中统计分析的具体作用 ······················ 76

    第四节 财务管理中统计分析应用的几点建议 ··············· 78

第五章 营运资金管理 ··· 81

    第一节 营运资金概述 ··· 83

第二节　现金管理 ……………………………………………………… 90

第三节　应收账款管理 ………………………………………………… 96

第四节　存货管理 ……………………………………………………… 105

第六章　长期筹资管理 ……………………………………………… **111**

第一节　筹资管理概述 ………………………………………………… 113

第二节　筹资规模 ……………………………………………………… 120

第三节　股权筹资 ……………………………………………………… 123

第四节　长期负债筹资 ………………………………………………… 130

第五节　衍生工具筹资 ………………………………………………… 141

参考文献 ……………………………………………………………… **147**

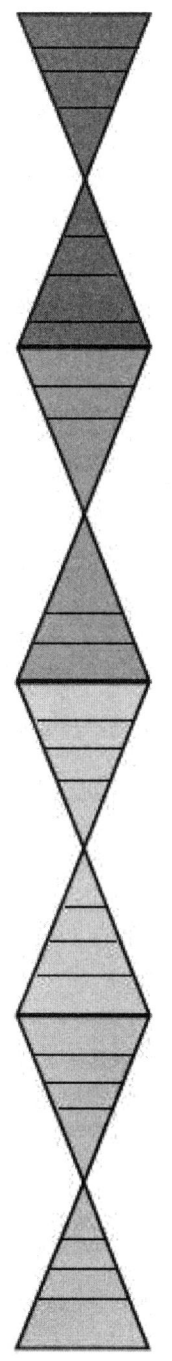

第一章

企业财务管理概述

第一章　企业财务管理概述

第一节　企业财务管理的概念、内容与特点

一、财务管理的概念及任务

财务管理是企业整个管理工作的一个重要环节，是处理企业同各方面的财务关系的一项经济管理工作。企业财务管理要为工作任务的完成和工作计划的实现积极筹集、合理安排、科学使用资金，不断提高资金使用的社会效益和经济效益，其具体任务如下：

（一）合理安排预算，保证资金供应

预算是企业根据工作任务、工作计划以及收支标准等编制的单位财务收支计划。预算中确定的各项收入指标是企业开展工作和进行业务活动的财力保证，各项支出指标则决定着企业发展的方向和规模，所以财务管理的首要任务是合理安排预算，也就是科学、合理地制订企业的财务收支计划，并按计划合理地筹集资金，保证资金供应，确保各项任务和工作计划圆满完成。具体来说，在收入预算的安排方面，应把企业的各项收入全部纳入预算，并要在充分挖掘人力、设备潜力，扩大服务面，拓宽服务项目的基础上增加收入。在支出预算的安排方面，要量入为出，将预算支出指标控制在与收入相适应的范围内，不能在预算中留有缺口。同时，要合理安排预算支出的结构，处理好人员经费支出与公用经费支出、维持经费与发展经费、重点项目与一般项目的关系，不断提高经费支出的社会效益和经济效益。

（二）加强支出管理，提高资金使用效益

为保证各项任务的完成和工作计划的实现，企业加强支出的管理显得尤为重要。企业的各项经费开支，应严格执行费用开支标准，并做到按计划、按规定的用途用款。财产物资是资金支出转化而来的，是企业开展工作和业务活动必不可少的物质条件，因此在财务管理中必须防止和克服重钱轻物的思想，把管钱和管物结合起来。对各种财产物资做到计划购置，合理储备，及时供应，充分利用，妥善维护保养，防止各种损失浪费现象发生，真正做到物尽其用，少花钱，多办事，把事情办好。

（三）建立健全财务管理制度

企业要合理筹集、分配和使用资金，有效地管理支出，提高资金使用效益，就要根据党和国家的路线、方针、政策和工作的实际需要，建立起一套既符合政策原则，又切合实际的内部财务管理制度，做到计划有依据，收支有标准，管理有定额，分析有资料，监督有要求，交接有手续，使企业的财务管理工作有章可循，有法可依，实行财务活动规范化管理。管理制度属于上层建筑，必须随着经济的发展、经济体制的改革和客观经济情况的变化不断修订、补充和完善，以适应经济发展的需要。特别是在各项改革不断深入的情况下，会有很多新问题需要解决，也有很多新经验需要不断探索和总结。因此，不断建立健全财务管理制度，是企业财务管理的一项重要任务。

（四）加强财务监督，维护财经纪律

财务监督是利用价值形式对企业在开展业务活动中所筹集、缴纳和运用的经费等进行的控制和调节。控制和调节的依据是党和国家的方针、政策以及财务规章制度和财务预算；调节和控制的目的是促进增收节支，合理使用资金，充分发挥资金的使用效益，保证各项任务的完成和工作计划的实现。

加强财务监督，首先要从思想上充分认识财务监督在整个财务管理工作中的地位和作用。这是因为在日常的财务活动中，铺张浪费、损公肥私、滥用职权、贪占挪用等违反财经纪律和忽视计划、不讲效益的现象时有发生。财务监督的作用就体现于此，对于那些坚决维护财经纪律的部门或个人，应当给予表扬和奖励；对于那些不顾财经纪律、财务制度，铺张浪费，贪占挪用等行为，必须予以制止，触及刑律的要绳之以法。只有这样才能促使各企业严格执行党和国家的有关方针、政策和财务制度，规范财务行为，

促进增收节支，不断提高资金使用的社会效益和经济效益。

二、财务管理的内容与特点

　　企业财务管理的内容，包括资金筹集管理、资金耗费管理、资金收入和分配管理，另外，还包括其他特种业务财务管理。

　　财务管理区别于其他管理的特点，在于它是一种价值管理，是一项综合性的管理工作。它对于企业各项生产经营活动与管理工作，具有重要的促进作用。

第二节　财务管理的目标

一、财务管理目标的含义

财务管理目标又称理财目标，是指企业进行财务活动所要达到的根本目的，它决定着企业财务管理的基本方向。在充分研究财务管理活动客观规律的基础上，来明确理财目标，是财务管理的一个重要理论问题。研究理财目标最重要的是，要明确财务管理所要达到的总体目标，即企业全部财务活动需要实现的最终目的。企业财务管理的总体目标不同于分目标与具体目标。总体目标如何确定？总结国内外的历史经验，应该是经济效益最大化。以经济效益最大化作为理财目标，是由我国经济建设的方针所决定的，也是由经济效益同财务管理的密切联系决定的。

二、实现财务目标的若干具体目标

（一）利润最大化

利润最大化目标，是假定企业财务管理行为将朝着有利于企业利润最大化的方向发展。这个目标的主要缺点有如下这几项：

第一，没有考虑到资金的时间价值；

第二，没有反映创造的利润与投入资本之间的关系；

第三，没有考虑到风险因素；

第四，可能会导致短期行为。

（二）资本利润率最大化或每股利润最大化

资本利润率是净利润与资本额的比率，每股利润是净利润与普通股股数的比值。这一目标的优点为：便于不同资本规模的企业或同一企业的不同期间之间的比较。缺点为：没有考虑到资金时间价值与风险因素，也不能避免企业的短期行为。

（三）企业价值最大化或股东财富最大化

企业价值是指企业的市场价值，反映了企业潜在或预期获利能力。企业价值最大化或股东财富最大化，是指通过企业财务方面的合理经营，采用最优的财务政策，充分地考虑资金的时间价值和风险与报酬的关系，在保证企业长期稳定发展的基础上，使得企业总价值达到最大。

西方财务管理目前所提的理财目标，即企业价值最大化或股东财富最大化。这一观点当中，包含企业既要获得盈利，又要实现资产增值。归根到底，只有企业净资产增加了，即股东财富增加了，才是投资者追求的最终目的。要衡量企业价值或股东财富的多少，一个有效的办法是进行资产评估，看看企业实际资产价值是多少；另一个办法是股票上市，看看股票市场价格的高低，由金融市场来对企业资产进行评价。

这一目标的优点主要表现为：

第一，考虑到了资金的时间价值和投资的风险价值；

第二，反映了对于企业资产保值增值的要求；

第三，有利于克服管理上的片面性与短期行为；

第四，有利于社会资源的合理配置，有利于实现社会效益最大化。

企业价值最大化是较为合理的财务管理目标。

第三节　财务管理的原则

财务管理的原则是企业组织财务活动、处理财务关系的准则。它是从企业财务管理的实践经验当中概括出来的，体现理财活动规律性的行为规范，是对于财务管理的基本要求。

一、资金合理配置原则

所谓的资金合理配置，是指要通过资金运动的组织和调节，来保证各项物质资源具有最优化的结构比例关系。资金合理配置，是企业持续、高效经营必不可少的条件。在财务管理工作之中，要把企业资金合理地配置在生产经营的各个阶段上，并保证各项资金能顺畅运行。

二、收支积极平衡原则

资金的收支，不仅要在一定期间总量上求得平衡，而且要在每一时点上协调平衡。资金收支的平衡取决于购产销活动的平衡，它能对各项生产经营活动产生积极的影响。

三、成本效益原则

所谓的成本效益原则，是指要对经济活动中的所费与所得，进行分析比较，对于经济行为的得失进行衡量，使得成本与收益得到最优的结合，以求获得最多的盈利。实行成本效益原则，是直接与企业理财目标联系着的。只有实行成本效益原则，才能提高企业经济效益，使得投资者权益最大化。

四、收益风险均衡原则

所谓收益风险均衡原则，是指对于每项财务活动分析其收益性和安全性，使得企业可能承担的风险与可能获得的收益相适当，据此做出决策。在市场经济条件之下，风险会与收益同在，风险要得到补偿（否则人们会不愿意承受风险），这是财务管理处理风险问题的依据。

五、分级分权原则

总的要求是在统一领导的前提下，合理地安排企业各级各单位和各职能部门的权责关系。分级分权原则是民主集中制在财务管理当中的具体运用，是调动各级各部门积极性的有效措施。财务主管部门要协助企业领导，适应于企业组织结构规定财务管理的职责与权限，核定经济指标，定期进行考核。

六、利益关系协调原则

利益关系协调原则，是指要利用经济手段协调财务活动涉及的各方经济利益，维护其各自的合法权益。财务关系是资金活动中产生的关系，大部分表现为经济利益关系。

第四节　财务管理的体制

　　企业财务管理体制是指规范企业财务行为、协调企业同各方面财务关系的制度。研究和改革企业财务管理体制，不仅对于加强财务管理、提高经济效益有重要的作用，而且对于促进和配合财税、金融、投资、计划等体制的改革也具有重要的意义。

一、企业总体财务管理体制

　　企业总体财务管理体制是现代企业制度的重要方面，主要解决企业对外的财务行为与财务关系问题。比如：第一，建立企业资本金制度；第二，建立固定资产折旧制度；第三，建立成本开支范围制度；第四，建立利润分配制度。

二、企业内部的财务管理体制

　　企业内部的财务管理体制，主要是规定企业内部各项财务活动的运行方式，确定企业内部各级各部门之间的财务关系。它要与企业总体财务管理体制相互适应，同时根据企业规模大小、工作基础强弱的研究确定。大体上有两种方式：一级核算方式、二级核算方式。

　　企业内部财务管理体制，既要解决财务活动运行的要求问题，也要侧重于解决内部各单位之间的责权关系与经济利益关系。上述各项制度的具体内容，是由企业自行规定的，要总结本企业的经验，形成一套适合本企业的有效管理办法。

三、企业财务法规制度

　　企业及企业内部的财务管理体制，是通过有关的财务法规制度加以规定的。财务法规制度是根据党与国家有关方针、政策的要求，适应于财务活动的实际需要，合理安排企业同各方面的财务关系，确定各有关部门财务管理的职责与权限。它是企业组织财务活动、处理财务关系的规范。

目前，我国企业财务法规制度，有如下三个层次：

1.《企业财务通则》

《企业财务通则》是各类企业进行财务活动、实施财务管理必须遵循的基本规范，对于其他财务法规制度起到统率的作用。

2.分行业的企业财务制度

根据《企业财务通则》，制定分行业的企业财务制度，以适应不同行业的特点与管理要求。现在分行业的财务制度当中所指的企业，是指在中国境内的独立核算的各类企业，包括不同所有制性质、不同经营方式、不同组织形式的企业在内。

3.企业内部财务管理办法

企业有权按照《企业财务通则》与行业财务制度，根据企业内部管理的需要，制定内部财务管理办法，以便于建立企业财务管理秩序，增加经济收益，避免损失浪费，增强企业的活力。这是企业作为独立的商品生产经营者的一种需要，也是转换企业经营机制的需要。

《企业财务通则》和分行业的企业财务制度，是由财政部所制定的。企业内部财务管理办法，是由企业自行制定的，对此，国家有关部门可以做出指导性的规定。

第五节　财务管理的基本环节

　　财务管理环节是指组织财务活动、处理财务关系的各个业务工作阶段。在财务管理环节中，包括一系列相互联系的基本业务手段，形成周而复始的财务管理循环过程，构成完整的财务管理工作体系。

一、财务预测

　　财务预测是根据财务活动的历史资料，考虑现实的要求与条件，对于企业未来的财务活动和财务成果，做出科学的预计与测算。

二、财务计划

　　财务计划是运用科学的技术手段与数学方法，对于目标进行综合平衡，制订主要计划指标，拟订增产节约措施，协调各项计划指标。

三、财务控制

　　财务控制是在生产经营活动的过程中，以计划任务和各项定额作为依据，对于资金的收入、支出、占用、耗费进行日常的计算与审核，以实现计划指标，提高经济效益。

四、财务分析

　　财务分析是以核算资料作为主要依据，对于企业财务活动的过程和结果进行调查研究，评价计划的完成情况，分析影响计划执行的因素，挖掘企业的潜力，提出改进措施。

五、财务检查

　　财务检查是以核算资料作为主要依据，对于企业经济活动和财务收支的合理性、合法性与有效性所进行的检查。

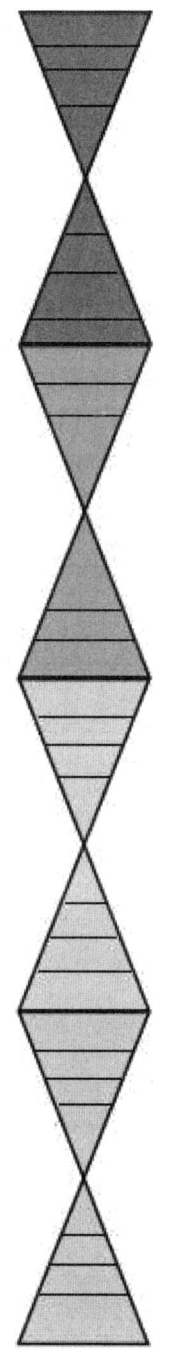

第二章

统计数据的搜集与整理

第二章　统计数据的搜集与整理

数据搜集是统计学的最基本环节。任何统计研究都是从搜集被研究现象的一定资料开始的。统计数据的搜集是认识事物的起点，对统计资料的整理、汇总与分析都必须在搜集统计资料的基础上进行，所以搜集到的数据决定了整个统计工作的质量。

第一节　统计数据的搜集

数据搜集是根据统计研究预定的目的、要求和任务，运用科学的方法与手段，有计划、有组织地向调查对象搜集数据资料的过程。从统计工作过程的阶段性看，统计数据的搜集处于统计工作过程的基础阶段。

一、统计数据的来源和类别

从使用者的角度看，统计数据资料的来源主要有两个：一种是通过直接调查获得的原始数据，这是统计数据的直接来源，一般称为第一手或直接的统计数据；另一种是别人调查的数据，对这些数据进行加工和汇总得到的数据，通常称为次级或间接的统计数据。一切间接的统计数据都是从直接的统计数据转化而来的。

（一）数据的直接来源——原始数据

获取数据的最基本形式就是进行统计调查或实验活动，统计调查和实验法就是统计数据的直接来源。

1.统计调查

统计调查是指根据统计研究预定的目的、要求和任务，运用科学的方法，有计划、有组织地搜集统计资料的过程。通过统计调查得到的数据，一般称为观测数据。

统计调查中的各项统计资料必须真实可靠，符合客观实际情况，要及时地获取各种资料，并且资料必须是完整的、毫无遗漏的。

按调查对象的范围不同，统计调查一般分为全面调查和非全面调查。

全面调查主要是指普查。普查是对构成调查对象的所有单位逐一进行登记或观察的调查方式。世界各国都定期（一般是 10 年）进行人口普查、农业普查等。普查虽然可以获得详细而丰富的统计数据，但它涉及千家万户，所花费的时间、人力、财力和物力都太大，不宜经常进行。

非全面调查是对调查对象总体中的一部分单位进行登记或观察的调查方式。重点调查、典型调查、抽样调查都是非全面调查。抽样调查是指随机地抽取调查单位进行调查，因此人们可以根据抽样结果推断总体的数量特征。但重点调查和典型调查与抽样调查相比有很大不同，它们调查的单位不是随机抽取的，具有一定的主观性，因此调查结果不能用于推断总体。

2.实验法

实验法是直接获得统计数据的又一重要来源。通过实验法得到的数据就是实验数据。例如，要知道一种新型化肥对农作物是否有增产功效，研究者通过实验设计，在保证温度、湿度、土壤等相关因素相同的基础上，控制该化肥的使用量，观察并记录农作物的产量数据，从而获得第一手实验数据。

（二）数据的间接来源——次级数据

次级数据是指由其他人收集和整理得到的统计数据。这种在他人调查整理的基础上获得的数据，是数据的间接来源。数据使用者自身不直接参与调查或实验工作，而是通过网络、期刊、书籍等渠道搜集到的数据，经过加工整理，形成自己研究所需的资料。

从搜集范围上看，次级数据来源也有多种：

1.可取自公开发表的外部信息

外部信息的主要渠道有：统计部门和各级政府部门公布的有关资料，如定期发布的统计公报、各类统计年鉴；各类信息中心、咨询机构、专业调查机构、各行业协会和联合会提供的市场信息和行业发展的数据情报；各类专业期刊、报纸、图书所提供的文献资料；各种会议，如博览会、展销会、交易会及学术研讨会上交流的有关资料；从国际联机数据网络和国内数据库获取的有关数据；等等。

2.可取自未公开发表的内部信息

未公开发表的内部信息，主要取自相关单位或企业内部，如购货单、物品入库单等各种单据和记录，经营活动过程中的各种统计报表，各种财务核算资料，等等。

次级数据具有采集成本低、采集速度快等优点。使用次级数据之前，有必要先对次级数据进行评价：应注意数据的含义、计算口径和计算方法，以避免误用或滥用；要注意次级数据的时间性，不能引用过时的数据；引用次级数据前应充分搞清这些数据所载信息的来源和可靠程度（是否为权威数据），引用时应注明数据的出处，以尊重他人的劳动成果。

二、数据的搜集方法

和其他领域的研究一样，当选定了相应的研究方案之后，一个重要的问题就是如何能准确、有效地搜集数据，从而客观、全面地反映所要研究的问题的真实状况。在实际工作中，无论采用以上哪种方式进行数据统计，都需要借助一定的数据搜集方法，以取得具体的统计数据。这些方法归纳起来，可分为询问调查和观察实验两大类。

（一）询问调查

询问调查是调查者与被调查者直接或间接接触以获得数据的一种方法，具体包括访问调查、邮寄调查、电话调查、计算机辅助调查、座谈会、个别深度访问等。

1.访问调查

访问调查又称派员调查，它是调查者与被调查者通过面对面的交谈从而得到所需资料的调查方法。

2.邮寄调查

邮寄调查是通过邮寄或媒体网络等方式将调查表或调查问卷送至被调查者手中，由被调查者填写，然后将调查表或调查问卷寄回或投放到指定收集点的一种调查方法。

3.电话调查

电话调查是调查人员利用电话同受访者进行语言交流，从而获得信息的一种调查方式。电话调查具有时效快、费用低等特点。

4.计算机辅助调查

计算机辅助调查也称计算机辅助电话调查系统，它是借助计算机软件工具的一套电话调查系统。典型的计算机辅助电话调查系统包括问卷设计、抽样、自动拨号、数据录入、实时监听、录音、项目管理等功能，它所保存的数据库中不仅有由调查人员直接录入的问卷数据，还包括调查人员在访问过程中的录音文件，以便随时对数据的质量进行审核。因此，该系统使电话调查更加便利和快捷，也使调查的质量大大提高。

5.座谈会

座谈会也称集体访谈法，是将一组被调查者集中在调查现场，让他们对调查的主题（如一种产品、一项服务或其他话题）发表意见，从而获取调查资料的方法。这种方法适用于收集与研究课题有密切关系的少数人员的倾向和意见。

6.个别深度访问

个别深度访问是一种一次只有一名受访者参加的特殊的定性研究，是无结构的个人访问。调查人员运用大量的追问技巧，尽可能让受访者自由发挥，表达他的想法和感受。

（二）观察实验

观察实验是调查人员通过直接的观察或实验获得数据的一种方法，包括观察法和实验法。

1.观察法

观察法指调查者深入调查单位调查现场，进行直接观察、计数、测量、测试和记录，以取得统计资料的方法。这种方法不需要向被调查者提问，而是凭调查人员的直接观察和使用测量工具，记录现场发生的事实和有关数据。调查人员可以使用表格、卡片、器材等工具进行记录。

2.实验法

实验法指实验者为了特定的研究目的,通过实验方案设计和具体实验而获取数据资料的一种方法。实验法不仅广泛适用于自然科学研究,而且适用于社会经济问题的研究。例如,新产品试销、试用、展销就是通过市场实验以获取必要的市场信息,以便改进产品设计。

三、数据的计量与类型

统计学是与数据打交道的一门学科,其任务是研究现象的数量特征和数量表现,进而揭示现象的规律性。如果将统计比喻成动物,则数据就是食物,离开了数据,统计也就不存在了。因此,在开展统计工作或统计研究之前,需要对数据有一个全面的认识。

(一)数据的计量

统计对象的可量性决定了在对社会经济现象的数量方面进行研究时,必须予以量化。根据抽象程度的不同,数据量化尺度大体分为以下几个层次:

1.定类尺度

定类尺度,又称"类别尺度",就是将研究对象按某种特征划分成若干部分,并给每一类别定名,但不对类别之间的关系做任何假定。例如,在人口统计中按性别分为男、女两组,男、女之间是平等的、并列的,记录时还可以用数字作为代号,如男性为"0",女性为"1"。定类尺度是最粗略、精度最低的计量尺度,也是最基本的计量尺度。这种测定尺度和分组在实际统计活动中使用极为广泛,主要用于计算各组数值占总体数值的比重以及众数等,但不能对各类编号进行加减乘除计算。

2.定序尺度

定序尺度,又称"顺序尺度",就是把各类事物按一定特征的大小、高低、强弱等顺序排列起来,构成定序数据。例如,将产品按其质量高低列成一等品、二等品、三等品;将学生的成绩排列为优、良、中、及格、不及格;等等。这种测定尺度的量度层次要比定类尺度高一些,它不仅可以分类,而且可以确定这些类别的顺序,各类之间还能比较等级和次序上的差别。在运算上，各类量值除了具有等与不等的特征外，还有大于或小于之分，但其序号仍不能进行加减乘除计算。

3.定距尺度

定距尺度，又称"间隔尺度"，是把定序排列的各类事物间的差距以一定的度量单位明确起来，构成定距的数据。定距尺度使用的计量单位一般为实物单位或价格单位，如考试成绩以分计量、长度以米计量等。定距尺度在统计数据中占据重要的地位，统计中的总量指标就是运用定距尺度计量的。在运算上，除了等于、不等于、大于、小于之外，还可进行加减运算，但不能进行乘除运算。

4.定比尺度

定比尺度，又称"比率尺度"，是量度层次最高的数据测定尺度。它是在定距尺度的基础上增加了一个绝对零点，并抽象掉事物的度量差异的测定尺度。换言之，定距尺度中的"0"只表示某一个值，即0值；而定比尺度中的"0"是绝对零点，表示没有。例如，某人数学考试得0分，只能表示他的数学成绩是0分，不等于说他完全没有数学水平。但如果说某人的身高为0米，则表示此人身高数据缺失。在运算上，定比尺度可以用于任何统计运算和比较。因此，许多统计的最终结果是以定比尺度给出的，定比尺度是广泛使用并值得推广的测定尺度。

上述四种计量尺度对事物的测量层次由低级到高级、由粗略到精确逐步递进。高层次的计量尺度可以具有低层次计量尺度的全部特性，但反过来并不成立。

在测定尺度的应用中，需要注意的是同类事物用不同的尺度量化会得到不同的尺度数据。如农民收入数据按实际值填写就是定距尺度；按高、中、低收入水平分就是定序尺度；按有无收入计量则成为定类尺度；而如果说某人的收入是另一人的两倍，则是定比尺度。又如，学生成绩若具体打分就是定距尺度；用优、良、中、及格、不及格划分就是定序尺度。一般因研究的目的和内容不同，计量尺度也会不同。若不担心损失信息量，就可降低度量的层次，从而实现它们间的转化。例如，性别在医学上若根据荷尔蒙的比例来区分的话，就是定距尺度；而性别分为男、女，则是定类尺度。

（二）数据的类型

1.按照数据的计量尺度分类

（1）分类数据

分类数据以定类尺度来衡量。分类数据是对事物进行分类的结果，数据的主要特征是采用文字、数字代码和其他符号对事物进行简单的分类和分组。

比如，对人口按性别、民族、行政区划和婚姻状况等作归类统计，对企业按照经济性质进行分类。使用分类数据时，各个类别的叫法只表明类别的名称，至于类别之间的关系，不作任何假定。类别之间没有高低优劣之分，也不能进行加减乘除运算。在实践中，为便于计算机识别和信息传输，对于分类性质的统计数据，人们往往会给每一个类别赋予相应的数字代码。

（2）顺序数据

顺序数据，也可称为"等级数据"，是对事物进行分类的结果，并表现出明显的等级或顺序关系。例如，学生的成绩可以分为优秀、良好、中等、及格和不及格；产品的质量可以分为优等品、合格品和不合格品；用户的满意程度可以分为很满意、满意、不满意和很不满意。顺序数据以定序尺度来衡量，只能比较大小，且类别之间有高低优劣之分，但不能进行加减乘除运算。

由于分类数据和顺序数据说明的都是事物的品质特征，通常用文字来表述，其结果均表现为类别，因此也把它们统称为"定性数据"或"品质数据"。

（3）数值型数据

数值型数据是使用自然或度量衡单位对事物进行测量的结果，说明的是现象的数量特征，其结果表现为具体的数值，因此也称为"定量数据"或"数量数据"。例如，考试成绩用百分制来表示，人的年龄用周岁来表示，产品的产量用件、箱和吨等来表示。

各个数据之间不仅可以对比大小反映差别，还可以计算平均数。

2.按照数值表现形式分类

（1）绝对数

绝对数是统计数据的基本表现形式，是其他形式指标形成的基础。现象的总体规模和水平一般都以绝对数形式来表现，一个地区的总人口、国内生产总值、货物周转量等都是绝对数。绝对数的计量单位一般为实物单位或价值单位，有时也采用复合单位。

实物单位可以是自然计量单位，也可以是物理计量单位。例如，人口数用"人"计量，对于一些化工产品和燃料，还折合成标准实物单位计量。价值单位以货币形式进行计量，如国内生产总值、进出口总额等。复合计量单位是由两种或两种以上计量单位复合而成的，如以"吨·公里"为货物周转量的计量单位，以"千瓦·时"为用电量的计量单位。

（2）相对数

相对数是由两个相互联系的绝对数进行对比而得到的，反映事物的相对数量。常用的相对数包括：结构相对数、比例相对数、比较相对数、动态相对数、计划完成相对数、强度相对数。相对数的计量单位大部分是无名数，但也有一些是采用有名数为计量单位的。

（3）平均数

平均数反映现象总体的一般水平或分布的集中趋势。平均数是统计分析中最常用的指标之一。

四、统计数据的收集

统计数据收集是根据统计研究预定的目的和任务，运用相应的科学调查方法与手段，有计划、有组织地收集反映客观现实的统计资料的过程。统计数据收集是整个统计活动的基础阶段。准确性、及时性和完整性是统计数据收集的基本要求，其中准确性是统计数据收集的核心，及时性是统计数据信息价值的体现，完整性则是统计指标计算和统计分析的需要。

（一）统计数据来源

从统计数据本身的来源看，统计数据最初都是来源于直接调查或实验。但从使用者的角度看，统计数据主要来源于两种渠道：一是来源于直接调查或科学实验，这是统计数据的直接来源，被称为"第一手统计数据"或"直接统计数据"；二是来源于别人调查或实验的数据，这是统计数据的间接来源，也被称为"第二手统计数据"或"间接统计数据"。

1.统计数据的直接来源

统计数据的直接来源主要有两个渠道：一是统计调查；二是实验。

统计调查就是按照预定的统计任务的要求，运用各种科学的统计调查方法，有组织、有计划地向社会收集反映总体各单位标志特征的原始数据资料的过程。统计调查有的是由统计部门进行的，也有的是由其他部门或机构为特定目的而进行的，如市场调查等。实验是取得自然科学数据的主要手段。本部分着重讲授取得社会经济数据的主要方式和方法。

2.统计数据的间接来源

对大多数数据使用者来说，亲自去做调查往往是不可能的。他们所使用的数据大多数是别人调查或科学实验的数据，对使用者来说称为"二手数据"。二手数据主要是公开出版的或公开报道的数据，此外，调查人员还可以通过其他渠道使用一些尚未公开发布的统计数据，以及广泛分布于各种报纸、杂志、图书、广播、电视传媒中的各种数据资料。现在，随着计算机网络技术的发展，调查人员也可以在网络上获取所需的各种数据资料。利用二手数据对调查人员来说既经济又方便，但使用时应注意统计数据的含义、计算口径和计算方法，以避免误用或滥用。

（二）统计调查的组织方式

统计调查的组织方式是指组织收集调查数据的形式与方法。实际中常用的统计调查组织方式主要有统计报表、普查、抽样调查、重点调查和典型调查等，以下对最常用的统计报表和普查做简要介绍。

1.统计报表

统计报表是依照国家有关法规，自上而下地统一部署，按照统一的表式、统一的指标项目、统一的报送时间和报送程序，自下而上地、逐级地定期填报资料的一种调查组织方式。它的任务是经常地、定期地搜集反映国民经济和社会发展基本情况的资料，保证资料的全面性和连续性，为各级政府和有关部门制订国民经济和社会发展计划以及检查计划执行情况提供可靠的依据。

统计报表具有以下三个显著的优点：第一，它是根据国民经济和社会发展宏观管理的需要而周密设计的统计信息系统，从基层单位日常业务的原始记录和台账（即原始记录分门别类的系统积累和总结）到一系列登记项目和指标，都力求规范和完善，使调查资料具有可靠的基础，保证资料的统一性，便于在全国范围内汇总、综合。第二，它是依靠行政手段执行的报表制度，要求严格按照规定的时间和程序上报，因此具有100%

的回收率；而且填报的项目和指标具有相对稳定性，可以完整地积累形成时间序列资料，便于进行历史对比和社会经济发展变化规律的系统分析。第三，它既可以越级汇总，也可以层层上报、逐级汇总，以便满足各级管理部门对主管系统和区域统计资料的需要。

统计报表制度是一个庞大的组织系统，它不仅要求各基层单位有完善的原始记录、台账和内部报表等良好的基础，而且要有一支熟悉业务的专业队伍。因此，它占用很大的人力和财力。总结历史的经验教训，要很好地发挥统计报表制度的积极作用，必须严格按照统计法规办事，实行系统内的有效监督和管理；报表要力求精简，既要防止多发、乱发、滥发报表，又要防止虚报、瞒报和漏报。这样才能保证统计数字的质量，降低统计的社会成本。

统计报表类型多样，按报送时间分为日报、月报、季报和年报等；按报送受体可分为国家、部门、地方统计报表。

2.普查

普查是根据特定的统计研究目的而专门组织的一次性的全面调查，用于收集所研究现象总体的全面资料。普查是一次性调查，是专门组织的全面调查，主要用来调查属于一定时点上的现象总量。普查主要用来全面、系统地掌握重要的国情国力方面的统计资料。由于普查涉及面广，耗费人力、财力、物力多，组织工作繁重，因此只能按一定周期进行。

各个国家对普查都给予了充分的重视，有的国家甚至把普查看作仅次于战争的"运动"。西方国家几乎没有统计报表制度，所有全面的资料只能依靠普查来获得。美国有专门机构负责各类普查，并有专门的网页提供相关的信息与资料。

（1）普查的特点

普查是全面性调查，主要用来调查反映国情国力的基本状况。

普查是一次性调查，主要用来调查时点现象的资料，但也不排斥时期现象的资料。

普查往往涉及面广，资料要求详细，需要耗费较多的人力、物力、财力和时间。

（2）普查的组织形式

普查的组织形式主要有两种：一是组织专门的普查机构，配备一定数量的普查人员，对调查单位直接进行登记；二是利用被调查单位的原始记录和核算资料，由调查单位发放一定的调查表格，由被调查单位填报。

（3）普查的原则

为了取得准确的统计资料，保证普查工作的顺利进行，应遵循以下原则：

①规定统一的标准时间

如果要收集的是时点数据资料，则必须规定一个标准时间，以避免由于现象的时空变动而使调查资料出现重复或遗漏。

②尽可能在短期内完成登记工作

普查工作在规定的调查范围内要同时进行，并尽可能在最短的时间内完成，以便在方法和步骤上保持一致，从而减少误差。普查应尽可能按一定的周期进行，以便在历史普查资料对比中研究现象发展变化的规律和趋势。

③统一规定调查项目

在时间上，性质相同的普查，各次调查项目要尽可能保持相对稳定，以便对历次调查资料进行比较和分析。

3.抽样调查

抽样调查是一种非全面调查，它是在全部调查单位中抽取一部分单位作为样本来进行调查，再根据调查结果推断总体的一种调查方法。广义的抽样调查包括随机抽样与非随机抽样。

非随机抽样是一种按照人们主观愿望选取样本的方法，如下面提到的重点调查和典型调查，这种调查方式也称为"有目的的调查""判断调查"和"定额调查"。其目的是通过了解一部分个体的情况而获取全面的信息。但由于非随机抽样无法估计误差发生的概率，所以也就无法作统计推断。

一般提到的"抽样调查"主要是指随机抽样，其基本特征有两点：一是样本单位按随机原则抽取，这就排除了主观因素对样本选择的影响；二是对所抽得的样本进行调查，得到的相关数据能够用于推断总体特征。接下来介绍的内容主要围绕概率抽样来进行。

（1）抽样调查的分类

抽样调查主要分为以下四种：

①简单随机抽样

简单随机抽样又叫"纯随机抽样"，这是最简单、最普遍的抽样组织方法。它是按照随机性原则，直接从总体的全部单位中抽取若干个单位作为样本单位，从而保证总体中每个单位在抽选中都有同等被抽中的机会。随机抽选样本单位的具体做法有：抽签法、随机数字表法和用计算机软件中的随机函数产生随机数法。

②分层抽样

分层抽样又叫"类型抽样"。它是将总体按照某一标志分为若干层，然后按照简单随机抽样的方式在每层抽取部分个体作为层内样本，再利用各层样本集合的结果去估计或推断各层及总体数量特征。分层抽样的特点是必须具备总体所有个体的名录以及至少一个分层标志的全面资料，各层的抽样相互独立，样本对总体的代表性取决于层内差异，与层间差异无关，因此分层时要注意选择合适的指标。

由于各个类型组的单位数一般是不相等的，所以从各个类型组中抽取多少样本单位有两种不同的确定方法：一种是按各组标志值变动的大小来确定，没有规定统一的抽样比例；另一种是按比例抽样，即保持每组样本单位数与样本容量之比等于各组总体单位数与全部总体单位数之比。

③系统抽样

系统抽样又叫"等距抽样"或"机械抽样"。这种抽样方法是先把总体所有单位按某一标志排队，并根据总体单位数与样本单位数的比例计算出抽样距离和间隔，随机确定一个起始点作为第一个样本单位，之后每隔相等的距离和间隔抽取样本单位。

对总体单位排队时所采用的标志，可以是与调查项目有关的，也可以是与调查项目无关的，前者称为"有关标志排队法"，后者称为"无关标志排队法"。例如，对某校学生学习情况进行调查，按身高排队就是无关标志排队，按考试分数排队就是有关标志排队。按无关标志排队的系统抽样，其抽样平均误差与简单随机抽样十分接近，一般都采用简单随机抽样的平均抽样误差公式代替计算。而采用有关标志排队时，其抽样平均误差一般要小于简单随机抽样的平均误差。

在实际进行抽样时必须注意到，系统抽样在排定顺序且第一个样本单位的位置确定后，其余单位的位置也就随之确定。因此，要避免抽样间隔和现象本身的周期性节奏相重合而引起系统性影响。如工业产品质量抽查，产品抽查时间间隔不宜和上下班时间一致，以防止发生系统性偏差。

④整群抽样

整群抽样也称"集团抽样"。这种抽样方式是将总体单位划分为若干个群（组），然后以群（组）为单位从中随机抽取部分群（组），对抽中的群（组）内所有单位进行全面调查的抽样组织形式。如调查某县小学的教育情况，可以从该县中随机抽取若干个小学，然后对抽中的小学进行全面调查。整群抽样的特点是群的形成可以是自然的也可以是人为的，可以大小相同也可以大小有别，要尽量把总体差异转化为群内差异。

（2）抽样调查的特点

按照随机原则选取调查单位。所谓"随机原则"是指抽选被调查单位时，不受任何主观因素的影响，客观地使总体中每一个单位都有相同的中选或不中选的可能性，以保证入选单位的代表性。

抽样调查的目的在于根据部分单位的实际资料对总体的数量特征做出估计（即根据样本指标来推断总体指标）。抽样调查的结果存在抽样误差，但此误差可以事先计算出来，并可以控制在一定的范围内，它是运用概率进行估计的方法。

（3）抽样调查的优越性

抽样调查方法与其他形式的统计调查方法相比具有明显的优越性，可以从统计调查的成果以及所付出的代价两方面来分析。普查和全面统计报表都是全面调查，可以得到对总体数量特征的全面认识，但是调查组织工作难度很大，所付出的代价也很大。重点调查和典型调查都是非全面调查，组织调查工作相对容易，所付出的代价较小，但是难以达到对总体数量特征的具体认识。只有抽样调查既具有组织调查工作比较简易的好处，又能达到认识总体数量特征的目的。其优越性可以归纳为以下四个方面：

①经济性

由于抽样调查的调查单位数目少，调查范围比较集中，调查的工作量大大减轻，从而可以节省人力、财力、物力。

②时效性

抽样调查组织专业队伍深入现场直接取样，从而减少了中间环节，并且调查单位少，提高了调查的时效性，可以满足领导决策和经济管理的需要。

③准确性

由于抽样调查是按照随机原则选取调查单位，排除了主观因素的影响，使样本具有较高的代表性，并且抽样误差可以通过科学方法加以控制，调查结果比较准确可靠。

④灵活性

抽样调查的组织活动方便灵活，调查项目可多可少，调查范围可大可小，既适用于专题研究，也适用于经常性调查。

（4）抽样调查的作用

对于不可能或不必要进行全面调查的场合，抽样调查具有其独特的作用。如产品的破坏性检验、农产量抽样调查、城市职工家计调查等。抽样调查和全面调查相结合，可以验证、补充和修正全面调查的资料、数据。如人口普查前后进行的人口抽样调查。

利用抽样调查方法可以进行生产过程的质量控制，抽样调查方法可以用来检验总体特征的某些假设，判断假设的真伪，为行动决策提供依据。

4.重点调查

（1）重点调查的概念

重点调查是指在调查对象中，选择一部分重点调查单位收集统计资料的一种非全面调查。所谓"重点调查单位"是指在这些被调查的总体单位中数目不多，所占比重不大，但其调查的标志值却在总量中占有很大比重，在总体中具有举足轻重作用的单位。通过对这部分重点单位进行调查，可以从数量上说明总体在该标志总量方面的基本情况。当调查任务只要求掌握基本情况，而部分单位又能比较集中地反映所要研究的问题时，采用重点调查较为适宜。比如，对钢铁行业的调查，由于大型的钢铁企业为数不多，但产出量却很大，因而可以通过对这些少数大型企业的调查，来掌握整个行业的大致情况。

（2）重点调查的特点

①选择重点单位进行调查

重点单位通常具备如下条件：一是这部分单位数占总体单位数要很小；二是在调查标志值方面，这部分单位的标志值总量要占总体标志值总量的绝大比重。

②调查的目的是反映总体的基本情况

重点调查既可以用于经常性调查，也可以用于一次性调查。当只要求掌握调查对象的基本情况，而在总体中确实存在重点单位时，进行重点调查是适宜的。但由于重点单位与一般单位差异较大，所以重点单位的调查资料是不宜用来推算总体的。

5.典型调查

（1）典型调查的概念

典型调查是指根据调查的目的与要求，在对研究现象进行全面分析的基础上，有意识地选择典型单位进行深入细致的调查，以便认识事物的本质与发展变化规律的一种非全面调查方法。所谓"典型单位"是指那些能充分、集中地体现调查对象总体的共性特征的有代表性的单位。

（2）典型调查的目的和特点

典型调查是有意识地选择典型单位进行调查；调查的目的是认识事物的本质和一般规律；在某种场合也可以从数量上推断总体，但不能计算、推断误差。

（3）典型调查的方式

①"解剖麻雀"式调查

"解剖麻雀"式调查在调查对象总体各单位之间的差异较小时适用。这时，只选择个别典型单位进行深入细致的调查，以找出同类事物的一般情况及其发展变化规律。

②"划类选典"式调查

"划类选典"式调查在调查对象总体各单位之间的差异较大时适用。这时，先对调查对象总体进行分类，然后从各类中选择少数具有代表性的典型单位进行深入细致的调查，找出事物的发展规律并以此对调查对象总体进行推断估计。

（4）典型单位的选择

典型调查的关键是典型单位的选择，应根据具体的调查目的选择典型单位。

如果是为了近似地估算总体的数值，那么可以在了解总体大致情况的基础上，把总体分成若干类型，按每一类型在总体中所占的比例，选出若干典型单位。如果是为了了解总体的一般数量表现，那么可以选择中等水平的典型单位进行调查；如果是为了研究成功的经验或失败的教训，则可以选择先进典型和后进典型，或选择上、中、下各类典型，将其进行比较，最后确定几个典型单位。

以上各种调查方法各有其特点和适用范围，在实际工作中要将多种调查方法结合运用，从而形成统计调查方法体系。这是因为：第一，各种调查方法各有其特点和适用场合，但它们彼此间并不互相排斥；第二，客观现象的复杂性决定了必须用多种调查方法才能取得所需的资料；第三，各种方法的局限性也决定了只有将多种调查方法相结合才能互相弥补各自的缺陷。

五、统计调查的种类

按照不同的分类标准，统计调查可以分为以下种类：

（一）全面调查和非全面调查

按照调查对象包括的范围，统计调查可分为全面调查和非全面调查。全面调查是指对调查对象中的全部单位，无一例外地都进行调查登记或观察（如普查和全面统计报表）。非全面调查是指对调查对象中的一部分单位进行调查登记或观察（如重点调查、典型调查、抽样调查等）。

（二）经常性调查和一次性调查

按照调查登记的时间是否连续，统计调查可以分为经常性调查和一次性调查。经常性调查是指随着研究对象的不断变化，而连续不断地进行登记或观察，以反映事物在一定时期内的全部发展过程。一次性调查是指对被调查对象在某一时点上的状况进行一次性登记，以反映事物在一定时点上的发展水平。

（三）统计报表和专门调查

按照调查的组织方式，统计调查可以分为统计报表和专门调查。统计报表是依据国家法律，按照统一的规定、表式、上报时间、上报内容、计算方法和上报程序，由基层单位自下而上逐级向上级和国家定期提供统计资料的一种报告制度。专门调查是根据研究目的专门组织的调查（如普查、重点调查、典型调查、抽样调查等）。

（四）其他调查方法

统计调查按照搜集资料的方法，可分为自填式方法、人员面访、电话访问、直接观察法、电子数据报告、行政数据、卫星遥感法等。

1.自填式方法

自填式方法是指被调查者在没有访（问）员协助的情况下完成问卷。

2.人员面访

人员面访是指调查人员协助被调查者完成问卷，访问以面对面的形式进行。

3.电话访问

电话访问是调查人员通过电话协助被调查者完成问卷。

4.直接观察法

直接观察法指调查人员亲临现场对调查单位的调查项目进行直接清点、测量、计量，以取得相关资料的一种调查方法。

5.电子数据报告

电子数据报告指被调查者以他们自己的方式提供电子数据，这也是一种自填式数据搜集方法的形式。

6.行政数据

行政数据指从其他政府部门或组织的行政记录中搜集的信息。

7.卫星遥感法

卫星遥感法是一种使用卫星高度分辨辐射来取得资料的调查方法。

除此之外，统计数据还有两种搜集模式，即纸张式数据搜集模式和计算机辅助式搜集模式。纸张式数据搜集模式是将问卷印在纸上，被调查者或访（问）员用笔记录答案。数据录入是数据搜集后的一个单独过程。对于一次性调查来说，纸张式方法通常比计算机辅助式方法更简单、实惠，且开发所需时间也少。在计算机辅助式搜集模式中，问卷出现在计算机屏幕上，被调查者或访（问）员将答案通过键盘输入计算机中，其数据收集比纸张式方法更完整、快速和有效。

六、统计调查误差

统计调查误差是指调查结果所得到的统计数字与调查总体实际数量表现的差别。统计调查误差包括登记性误差和代表性误差。

（一）登记性误差

登记性误差又称"调查误差"，是在调查过程中各个环节上造成的误差，有计算错误、记录错误、计量错误、抄录错误、汇总错误、计算机输入误差等以及被调查者不愿或难以提供真实情况的误差，有时还存在调查人员弄虚作假的误差和各种人为因素干扰的误差。这种误差在所有的调查中都会产生，并且在一般情况下，调查范围越广越大，观测的个体越多，产生误差的可能性越大。此类误差在理论上讲是可以避免的。

（二）代表性误差

代表性误差是指由于不同的随机样本的选取所造成的误差，又分为系统性误差和抽样误差两种。系统性误差又称"偏差",是由于从总体中抽取调查单位时违反随机原则而造成的误差。抽样误差是偶然性的代表性误差,指在抽样调查中,即使严格按照随机原则抽取调查单位,也不可避免的误差,这是抽样中的不同随机样本造成的。

第二节 统计数据的整理

数据整理指根据统计研究的任务和要求,对调查收集到的原始数据资料进行科学的综合与加工,使之系统化、条理化和综合化,并以图表的形式显示,从而得出反映总体特征的综合资料。通过统计调查或从现成的调查中获取的统计数据,只是一些个别单位分散的、不系统的原始数据,所反映的问题常常是事物的表面现象,不能深刻揭示事物的本质,更不能从量的方面反映事物发展变化的规律性。只有根据统计研究的目的,运用科学的方法,对数据进行加工整理,同时用图表形式将数据展示出来,才能发现经济社会现象的数量规律性,以便进一步理解和分析。

统计数据整理的程序一般包括以下几个部分:第一,统计数据的预处理,即对分散的原始数据进行审核和汇总。第二,统计数据的分组,即对预处理后的原始数据,按其性质和特点,进行分组归类,对统计分组后的资料进行汇总和计算,计算出各组指标或综合指标。统计分组是统计整理的中心工作。第三,编制统计表或绘制统计图,按照一定的格式将分组汇总后的统计结果用统计表或统计图的形式描述出来,使事物的总体数量特征更加突出。

数据整理是对统计数据进行加工处理的过程,具体来讲就是根据统计研究的目的和要求,对收集到的数据进行科学的分类、汇总和显示,使之成为系统化、条理化、直观生动的数据资料,以反映总体现象的数量分布特征与规律的统计工作过程。

数据整理的全过程包括对数据资料的审核、分组、汇总,编制频数分布表以及绘制统计图等几个主要环节,由此构成了数据整理的主要内容。数据整理的步骤如下:

一、数据审核

数据审核的主要任务是确保所采集的数据的完整性和准确性。对于数据准确性的审核方法有逻辑审核和计算审核。前者从理论和常识上查看每个个体的各项数据间对应关系是否合理,后者通过计算查看每个个体的各项数据间是否符合应有的勾稽关系。对于不完整的问卷和存在不准确问题的问卷,应及早退回订正。如果已经不能再退回订正,只好采取变通办法加以填补和修正。所用的方法涉及后面要阐述的算术平均数、中位数和众数，还可能用到回归和相关方法。

对于次级数据，除了审核其完整性和准确性外，还应审核其时效性和适用性。对于多种来源的次级数据，要注意它们在指标含义、所属时间和空间范围、计算方法和分组标准等诸方面是否一致。

二、数据整理

数据在经过审核后，确认适于实际需要了，便可以做进一步的加工整理。在统计中，不同类型的数据所采取的整理方式是不同的。对品质型数据主要是做分类整理，对数值型数据则主要是做分组整理。

（一）品质型数据的整理

对于品质型数据的整理，要按品质型数据的类别将总体划分为若干个组（类），然后将每一个单位按其表现归入其中一组（类），还要计算出每一类别的频数、频率，同时编制频数分布表，以便对数据及其特征有一个初步的了解。

具体步骤是：第一步，列出各类别；第二步，计算各类别的频数、频率；第三步，编制频数分布表。相关概念介绍如下：

1.类别

由于品质型数据是用文字来表现的，每种表现即为一种类别，因此对于品质数据的分组通常是按其表现分类。分类有简单分类和复杂分类两种情况。关于简单分类，可依据常识列出类别，例如人口性别表现为"男"和"女"，文化程度表现为"初中及以下""高中""大专"……关于复杂分类，例如我国的国民经济部门分类、国际贸易的商品分类等，则须参照权威机构的标准列出各类别。

2.频数、频率与频数分布

频数，也称次数，是指落在各类别中的数据个数。

频率，也称比重，是指各类别中的数据个数占全部数据总数的比例，通常用百分数表示。

频数分布，也称次数分布，是各个类别及其相应的频数的对应排列。将频数分布用表格的形式表现出来就是频数分布表。

（二）数值型数据的整理

1.单项式分组

单项式分组是作为分组的数量标志的每一个具体标志值都列为一个组的分组方法。例如，如果学生的成绩以五分制计算，则全体学生的成绩可分为六组，即5、4、3、2、1、0。

单项式分组的特点是：每个组只用一个标志值来表示；组数的多少由分组标志值的个数决定。

单项式分组适用的条件是：分组的标志值个数少；只能对离散型变量进行分组，因为其变量值可以一一列举。

2.组距式分组

组距式分组就是将全部变量值依次划分为若干个区间，并将这一区间的变量值作为一组。在组距式分组中，一个组的最小值称为下限，最大值称为上限。组距式分组适用于连续型变量，或虽为离散型变量但取值很多，不便一一列举分组的情况。

在组距式分组中，如果各组的组距相等则称为等距分组，如对学生成绩的分组，可分为40～60分、60～80分、80～100分等，就是等距分组。有时，对于某些特殊现象或为了特定研究的需要，各组的组距也可以是不相等的，称为不等距分组。比如，对人口年龄的分组，可根据人口成长的生理特点分成0～6岁（婴幼儿组）、7～17岁（少年儿童组）、18～59岁（中青年组）、60岁以上（老年组）等，则属于不等距分组。

3.组距式分组与频数分布

单项式分组方法简便、易于操作，但实际应用情况并不多，相比较而言，组距式分组方法较为复杂。

一是对数据进行排序，找出最大值与最小值，计算全距。全距即全部数据中的最大值与最小值之差。

二是确定组数、组距和组限。组数的多少主要取决于数据分布的特点。对总体进行质别分组时，其组数的确定主要取决于统计研究的任务和事物本身的特点。有时，事物的属性就已决定了组数。单项式分组的组数也往往是由分组数量标志可能出现的标志值决定的。组距式分组的组数自然也要取决于统计研究的目的和事物分布的特点，如果组数过少，很容易把不同性质的单位归到同一个组内，失去区别事物的界限，达不到正确反映客观事物的目的；如果组数过多，必然会造成总体单位分布分散，同时还有可能把属于同类的单位归到不同的组中，不能真实反映出事物的本质特点和规律性。因此，必须恰当地确定组数。组数的多少，关键是要根据具体资料来确定。

组距是一个组的上限与下限的差，一般由全距和组数来决定。组距=全距÷组数，它表明在全距一定的情况下，组距与组数成反比，即组数越多组距越小。为了编表和计算方便，也是审美习惯使然，组距通常取整数，且多取 5 或 10 的倍数。组限是一组两边的数值，也是各组数据变化的范围。当组数、组距确定之后，只需划定各组的数量界限即可。组限是一个组两端的数值，其中数值小的叫下限，数值大的叫上限。由于变量有离散型与连续型之分，因此其组限的划分也有所不同。离散型变量可以一一列举，而且相邻两个整数之间不可能有其他标志值，因此各组的上下限都可以用确定的数值表示。这种分组，如以 a 代表下限，以 b 代表上限的话，其实际区间为 [a，b]。连续型变量在两数之间可能有很多数值，不能一一列举，因此相邻两组的界限无法用确定的数值表示。在这种情况下，往往把前一组的上限与后一组的下限重叠起来。如把工人的月工资分为 100～110、110～120 等。一般地，把重叠的数值归属于后一组的下限，即 110 元归属于 110～120 一组。这种分组，其实际区间为 [a，b)。在确定组限时，不能将不同性质的数据划归到一个组内，例如，学生考试成绩中 60 分是及格与否的分界线，不能采取 55～65 分的分组方式，以利于区分各组的性质。

三是根据分组整理成频数分布表。

4.数值型数据的累积频数或累积频率分布

在进行统计分析时，经常需要观察某一数值以下或某一数值以上的频数或频率共为多少，这时可以计算累积频数或累积频率。

累积频数就是将各组的频数逐级累加起来。其方法有两种：一是从变量值小的一组向变量值大的一组累加频数，称为向上累积，此时每组的累计频数表示本组及以下（低级组）各组的频数共为多少；二是从变量值大的一组向变量值小的一组累加频数，称为向下累积，此时每组的累计频数表示本组及以上（高级组）各组的频数共为多少。

累积频率或累计百分比就是将各组的百分比逐级累加起来，它也有向上累积和向下累积两种方法。

三、统计数据的预处理

统计数据的预处理是统计数据整理的先前步骤，它是在对数据进行分类或分组之前所做的必要处理，内容包括统计数据的审核、汇总、预加工处理及统计分组等。

（一）统计数据的审核

统计数据的审核是保证统计数据整理质量的重要手段，为进一步的数据整理与分析打下坚实基础。从不同渠道取得的统计数据，在审核的内容和方法上都有所不同。对于通过直接调查取得的原始数据，主要从数据的完整性和准确性两个方面去审核；对于通过其他渠道取得的二手数据，除了要对其完整性和准确性进行审核外，还需要着重审核数据的适用性和时效性。

1.数据的完整性审核

完整性审核主要是审核所有调查项目和指标是否填写齐全、调查单位是否有遗漏，即检查是否有单位无回答或项目无回答。对于直接调查取得的原始数据，应该查看调查问卷或调查表项目是否填写完整，如果有太多空白，便要询问调查人员到底是其疏忽所致还是调查对象不能回答或不愿意回答，然后即刻进行空白填补工作。对于二手数据，要看其调查项目是否完备（或者说是否符合研究分析需要），是否存在很多缺失值。

2.数据的准确性审核

准确性审核是检查所填报的资料是否准确可靠。常用的审核方法有两种：

（1）逻辑检查

首先，检查数据是否真实地反映了客观实际情况，内容是否符合实际；其次，审核数据是否符合逻辑，内容是否合理，各项目或数字之间有无互相矛盾的现象。

（2）计算检查

主要检查各项指标的计算口径、计量单位是否符合规定，并通过各种计算方法来检查各指标间的数字是否相互衔接。

3.数据的适用性和时效性审核

二手数据可以来自多种渠道，有些数据可能是为了特定目的而通过专门调查取得的，或者是已经按照特定目的的需要作了加工整理。作为使用者来说，首先应弄清楚数据的来源、数据的口径以及有关的背景材料，以便确定这些数据是否符合自己分析研究的需要，是否需要重新加工整理等，不能盲目地生搬硬套。

此外，还要对数据的时效性进行审核。对于有些时效性较强的问题，如果所取得的数据过于滞后，则可能会失去研究的意义，一般需要使用最新的统计数据。数据在经过审核后，确认适合于实际需要，才有必要对其做进一步的加工整理。

（二）统计数据的汇总

统计数据的汇总主要是针对直接调查取得的原始数据。通过统计调查搜集的原始数据，其中很大部分是以问卷或调查表格的形式存在，这些数据往往分散、不系统，不易表现出总体的数量特征。通过将问卷或调查表格记录的各单位信息汇总成一个更大的数据表，作为进一步整理的基础。选择恰当的汇总技术，对提高汇总速度和保证汇总质量具有重要意义。

统计数据汇总的技术主要有两种，即手工汇总和电子计算机汇总。

1.手工汇总

手工汇总就是用算盘和小型计算器进行汇总。采用这种汇总技术的方法有画记法、过录法、折叠法、卡片法。手工汇总适合于总体单位数量和调查项目较少的调查研究，在总体单位数量和调查项目较多的调查研究中，手工汇总不仅花费的时间会很长，而且容易出错。

2.电子计算机汇总

电子计算机的运用大大提高了数据汇总的速度和精确度，目前其已成为我国统计工作的重要工具。电子计算机汇总活动大体分为以下几个步骤：

第一，选择统计软件，目前比较常用的是 Excel、SPSS、SAS 等。

第二，设置变量。

第三，将问卷或调查表的数据录入。

第四，逻辑检查。

第五，保存为数据表。

（三）数据的预加工处理

将数据录入计算机形成电子文档后，通常还需要对收集到的数据做进一步的预加工处理，以保证数据被清洗干净，这是数据分析过程中不可缺少的一个关键步骤。而且，随着数据分析的不断深入，对数据的加工处理还会多次反复，实现数据加工和数据分析的螺旋上升过程。

1.统计数据的筛选

数据筛选主要包括两个方面的内容：一是将某些不符合要求的数据或有明显错误的数据剔除；二是将符合某种特定条件的数据筛选出来。

2.数据排序

对于分类数据，如果是字母型数据，排序有升序、降序之分，但习惯上用升序；如果是汉字型数据，排序方式很多，与分析的目的有关系。对于数值型数据，排序只有两种，即递增和递减。

3.缺失值处理

缺失值处理主要包括两种路径：一是直接删除含有缺失值数据的样本；二是用合理的替代值替换缺失值。

4.变量计算

在原有数据的基础上，根据实际分析的需要，计算产生一些具有新含义的变量，或者对数据的原有分布进行转换等。

（四）统计分组

1.统计分组的概念和作用

统计分组是指根据统计研究目的和要求以及总体的内在差异，按照某一分组标志（或几个分组变量）将总体区分为若干性质不同又有联系的几个部分。构成总体的各个总体单位之间既具有共性又有差异，统计分组操作的目的就是将那些具有某个或某几个相同性质的总体单位归结在一起，而将不同性质的现象分开，即经过分组的资料，组内具有同质性，组间具有差异性。因此，统计分组的实质是在现象总体内进行的一种分类，揭示总体内在的数量结构以及总体之间的数量依存关系。

从分组的性质来看，分组兼有分和合的双重含义。对于现象总体而言，是"分"，即把总体分为性质相异的若干部分；而对于总体单位而言，又是"合"，即把性质相同的许多单位结合为一组。对于分组标志而言，是"分"，即按分组标志将不同的标志表现分为若干组；而对于其他标志而言，是"合"，即在一个组内的各单位，即使其他标志表现不相同，也只能结合在一组。由此可见，选择一种分组方法，突出了一种差异，显示了一种矛盾，必然同时掩盖了其他差异，忽略了其他矛盾。不同的分组方法，可能得出不同的结论。因此，统计分组必须先对所研究现象的本质做全面的、深刻的分析，确定所研究现象类型的属性及其内部差别，而后才能选择反映事物本质的正确分组标志。

统计分组在统计研究中的重要作用主要表现为以下三个方面：

（1）划分现象的类型

社会经济现象存在着复杂多样的类型，不同的类型有着不同的特点及发展规律。在整理大量的统计资料时，有必要运用统计分组方法将所研究的现象总体划分为不同的类型组来进行研究。例如，国民经济按产业分组，第一产业分成农、林、牧、渔业各组；第二产业分成工业和建筑业；第三产业分成批发和零售业，交通运输、仓储和邮政业，住宿和餐饮业，金融业，房地产业等。

（2）揭示现象内部结构

在划分类别的基础上，将总体各单位连同其标志值分别归入所属的类型组中，汇总各组单位数和标志总量，计算各分组单位数或指标数值占总体单位总数或标志总量的比重，就可以揭示总体内部的构成，表明部分与总体、部分与部分之间的关系。

（3）分析现象之间的依存关系

一切社会经济现象都是相互联系、相互依存、相互制约而不是孤立存在的。但是，这种相互依存和制约关系的方向和程度却难以直接观察，通过统计分组可以揭示这种关系及其在数量上的表现。

2.分组标志的选择

统计分组可以按照不同的标志来进行，分组的标志是划分数据的标准和依据。分组标志的选择是否得当，关系到能否正确地反映总体的数量特征及其变化规律。

（1）正确选择分组标志需考虑的因素

正确选择分组标志，需要考虑以下两点：一是根据研究问题的目的来选择。每个研究对象都有许多特征或属性，分组标志选择不恰当，分组的结果就不能反映总体的性质特征，也就不能达到所要研究的目的。二是结合现象所处的具体环境和条件来选择。社会经济现象会随着时间、地点、条件的变化而变化，历史条件不同，事物的特征也会有所变化。分组标志的选择绝对不是一个单纯的技术性问题，而是需要研究者对研究目的、研究对象的特征有比较好的把握。

（2）统计分组遵守的原则

统计分组必须遵守穷尽和互斥两个原则。穷尽原则就是要求总体中的每个单位都应该有组可依，或者说各分组的空间足以容纳总体所有的单位。互斥原则就是在特定的分组标志下，总体中的任何一个单位只能归属于某一组，而不能同时或可能归属于几个组。

只有遵循以上两个原则才能使得每个总体单位有且只有某一个组可以归属。

3.统计分组的种类

（1）按分组标志的多少，可分为简单分组与复合分组

简单分组是按照一个标志来分组，只反映总体某一方面的分布状况和内在结构。复合分组是对同一总体选择两个或两个以上标志层叠起来进行分组，即先按第一个标志进行分组，各组再按第二个标志分成小组，各小组继续按第三个标志分成更小的组，如此下去，直至完成所有标志的分组，形成复合分组体系。

（2）按分组标志的性质，可以分为品质分组与数量分组

品质分组也叫属性分组，是指按某一个或某几个标志进行分组，并在品质标志变异的范围内，划定各组的性质界限，根据每个个体的标志表现将其分别归入不同的组中。品质分组比较简单，分组标志一经确定，一个品质标志表现即为一组，组的名称和组数也随之确定，如按照性别对班级学生进行划分。

数量分组也叫变量分组，是指按某一个或某几个数量标志进行分组，并在数量标志变异的范围内，划定各组的数量界限，根据每个个体的标志表现将其分别归入不同的组中。数量分组是反映总体内部数量差异的重要方法，并能够通过组间数量差异体现出性质不同。

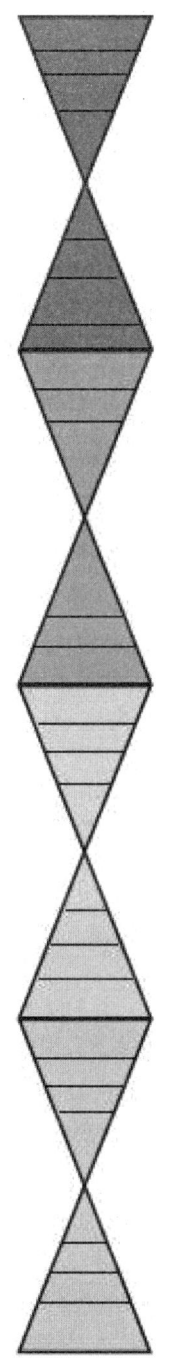

第三章

统计指数

第三章　统计指数

第一节　统计指数概述

一、统计指数的概念与作用

（一）统计指数的概念

统计指数是在研究社会经济现象的数量关系，分析社会经济现象在不同时间、空间、条件下的数量变动情况，测定有关因素影响的方向、程度中产生和发展起来的。它最早见于欧洲，当时，由于金银大量流入欧洲，欧洲的物价飞涨，引起社会不安，于是产生了反映物价变动程度的价格指数。后来，人们为了适应统计研究分析的需要，扩展了被称为指数的对比计算的对象、内容和范围。所以，从商品价格到经济领域的各种要素，从某一简单现象到复杂现象，从不同时间到不同空间、不同条件的经济现象数量对比计算的相对数都沿用了价格相对数所用的指数概念。

为了阐明指数的概念，把所要研究的现象总体区分为简单现象总体和复杂现象总体。前者指总体中的单位数或标志值，可以直接加以总计，如某种产品产量、成本、产值、利税，某种农作物的播种面积及其收获量；后者指构成现象总体的单位及其标志值，不能直接加总，如不同使用价值的产品产量、成本和价格等。从广义上说，以上两类现象总体数量的变动都是指数。因此，前面讨论过的动态相对数、比较相对数、计划完成程度相对数都可以叫指数。但是通常所说的指数是狭义概念的指数，它仅仅反映复杂现象总体数量上的变动。

（二）统计指数的作用

指数是一种重要的统计方法，在经济分析中有着广泛的应用，其基本作用可概括为：

1.综合反映复杂现象总体数量的变动方向和程度

统计指数的综合计算，把不能直接加总的多要素现象汇总为可比的总体数量进行分析，求得其变动的方向和程度。计算结果大于或小于100%时，说明现象总体数量变动的方向是上升或下降；它与100%的偏差，则表示总体数量变动的程度，正数说明现象总体数量上升的幅度，负数说明现象总体数量下降的幅度。

2.分析各个因素变动对现象总体变动的影响方向和程度

在社会经济现象中有许多现象都是复杂现象，其变动要受许多因素的影响。例如，商品销售额的变动是商品销售量和商品价格两个因素共同变动的结果；产品总成本的变动是产品产量和产品单位成本两个因素共同作用的结果。通过编制各种因素指数可以分析各因素影响的方向和影响程度。例如，分别编制销售量指数和价格指数，分析它们对销售额的影响方向和影响程度；分别编制产量指数和单位产品成本指数，分析它们对总成本的影响方向和影响程度。

3.测定现象数量变动

统计指数可以测定现象数量变动受总体内部各组水平和总体单位结构变动的影响方向和程度。统计指数对现象数量的某一平均指标指数进行分析时，可以通过现象平均指标的计算原理和指数体系分别测定各组水平和总体单位结构的变动对总体平均水平的影响。

4.研究现象数量在长时期内的变动趋势

编制一系列反映同类现象变动情况的指数形成指数数列，可以反映被研究现象的变动趋势。这样，就可以揭示价格在一段时间内的变动方向、程度和趋势，评判价格水平是上升还是下降。

5.对社会经济现象进行综合评价和测定

随着指数在实际应用中的发展，许多经济现象都可以运用统计指数进行综合评定，以便对某种社会经济现象进行综合的数量评定。

二、统计指数的种类

可以从不同角度对统计指数进行分类，常用的统计指数的分类有：

（一）个体指数和总指数

按所反映的对象范围不同，统计指数分为个体指数和总指数。个体指数是反映单一经济现象的变动程度，总指数是说明出多个要素组成的复杂社会经济现象总体综合变动的特殊相对数，即狭义的指数。

（二）数量指标指数和质量指标指数

按其反映现象的性质不同，统计指数分为数量指标指数和质量指标指数。数量指标指数是表明总体在规模上数量变动的指数，即对数量指标编制的指数，如销售量指数、职工人数指数、产品产量指数等；质量指标指数是表明总体质量、内涵变动情况的指数，即对质量指标编制的指数，如价格指数、单位产品成本指数、劳动生产率指数、平均工资指数等。

（三）动态指数、静态指数和计划完成指数

按比较的对象不同，统计指数分为动态指数、静态指数和计划完成指数。动态指数反映的是现象在时间上发展变化的指数，其对比基准是现象在基期的水平。上述所举的指数都是动态指数。指数的编制和应用，通常是针对时间上的变动来考虑的，但静态指数和计划完成指数的应用也越来越广泛。静态指数反映的是同一时间，不同单位、地区、国家之间的综合比较，例如地区价格指数，其对比的基础是同一时期价格在某地区的水平。计划完成指数反映的是所研究现象计划的综合完成程度，其对比的基准是该现象的计划任务数。

三、统计指数的新思考

统计指数分析法是社会经济活动中广泛应用的一种统计方法。它不仅被应用于经济

发展、经济效益、生活质量、综合国力、社会发展水平的综合研究，而且还是社会经济分析研究和景气预测的重要工具。指数方法从产生到现在已经有300多年的历史。300多年的社会实践，使指数理论应用由简单到综合、由经济到社会甚至应用于自然科学的研究，指数理论本身也有了长足的发展。但是，作为一种重要和独特的分析方法，统计指数至今仍存在着很多未能完善的问题，使这种重要和独特的研究分析方法没有能够充分发挥其应有的作用。应当说，关于统计指数问题的研究，事实上处于长期停滞不前的尴尬局面。因此，有必要对统计指数理论进行重新梳理和认真反思，以求在统计指数研究的方法上有所突破。

（一）统计指数分析方法存在的问题

现有的统计指数分析方法存在以下几个方面的问题：

第一，对统计指数分析方法基本性质的认识不明确，即统计指数到底是一种确定性的研究方法，还是一种非确定性的研究方法。这一问题几乎在所有关于指数分析的论述中均没有给予明确的回答。然而，对其方法性质的认识不同，在分析研究和应用的方法上就有很大的差异。指数问题研究长期停滞不前的重要原因，很大程度上就在于这一基本问题没有得到很好的解决。

第二，在现有的统计指数理论框架下，作为统计指数分析的重要基础的统计指数体系，只能是应用于各因素变量之间、关系为乘积关系的"经济方程式"，而且所能容纳的因素变量十分有限，由此导致其应用范围非常狭窄，直接影响了指数分析方法的应用和推广。

第三，现行的建立在"综合指数分析的一般原则"基础之上的统计指数分析方法，实际上是一种确定性的分析方法。即使是建立在"固定篮子"即"代表性商品"集团基础上的物价抽样调查以及相应计算出的物价指数，由于"代表性商品"决定的非随机性，导致了样本的非随机性，甚至无法计算物价抽样调查以及物价指数的抽样误差，也无法确定由此样本所计算的物价指数所对应的置信概率。因此，无法利用现代统计科学的发展成果来丰富和深化相应的分析，造成了物价指数的统计分析方法几十年"一贯制"的现状。

第四，在统计指数分析方法中，关于权数（同度量因素）时间固定的方法，即按"综合指数编制的一般原则"，在"现实的经济意义的表象下"所进行的分析，包含了不现实的、抽象的假定性和使用者的主观随意性，其计算结果是不真实的。而且，即使完全照搬"综合指数编制的一般原则"来进行指数分析，也会出现绝对数分析和相对数分析的矛盾。这是一门严谨的方法论科学的一大"瑕疵"。

第五，现行的统计指数体系的多因素分析方法死板僵硬，实际应用中所能分析的"多因素"却往往不超过 3 个；并且在对于多因素的指数体系分析中，关于质量指标和数量指标的界定上不能排除"仁者见仁，智者见智"的现象，不能不说是作为现代应用科学的统计指数分析方法的又一缺陷。

第六，作为指数体系的一种改进分析方法而引入的"共变影响指数"，其计算结果总是与使用者的预期背道而驰，而其"相对数分析"和"绝对数分析"总是经常产生矛盾。

第七，对于统计指数体系中的相对数分析和绝对数分析之间关系的研究不足。在目前的"统计指数体系"的分析中，人们习惯于将指数体系的相对数关系按照"分子分母之差"来构成其绝对数关系。这就给人造成两个错觉：一是如果乘积关系成立，则和差关系就成立；二是既然可以用相对数和绝对数结合起来分析，这样按照"综合指数编制的一般原则"所编制或计算的指数和相应的指数体系就当然正确了。这种错觉是应该纠正的。

第八，统计指数的理论研究严重滞后于社会经济发展的需要。作为一种历史悠久并且社会影响很广的统计方法，统计学界对其深刻的研究可谓稀少。因此，要提高统计的社会地位，提高统计科学的研究水平，充分发挥统计指数分析方法这一重要和独特的分析方法的作用，加强统计指数的研究就势在必行。

第九，由于现行的统计指数的编制方法和分析方法本身就存在众多缺陷，所以在社会经济的应用中也经常不能"自圆其说"。事实上，一些部门对外发布的统计指数也屡屡受到社会各界包括一些经济学家的质疑。坦率地说，在此方面的解释在很大程度上是苍白无力的，而其根本原因还在于统计指数理论体系本身并不完善。

第十，统计学界目前关于统计指数的研究情况也并不令人乐观。在近年来关于统计指数发表的并不多见的论文中，可以发现两种倾向：一种是没有充分考虑指数分析方法本身的基础和前提，也不考虑方法的应用方面的可操作性，只是进行纯抽象的空洞性的研究，对提高统计指数的理论和应用的研究并无积极意义；而另一种现象则是反复在低水平上进行重复，同样也无助于指数研究水平的提高。当然，也有较少一些研究成果颇有见地，给相关研究提供了一些有益的启示。

（二）关于经济指数研究的新思考

1.指数分析方法的性质

目前社会经济统计学中关于统计指数的研究方法（包括所谓的原子论指数的研究方法），实质上是一种非随机性的研究方法。虽然国内外先后有人提出构建随机指数（包括所谓的函数论指数的研究方法）的设想，但由于没有构建其随机抽样的现实基础，最终陷入抽象和空洞的理论描述而无法付诸实际应用。鉴于此，应当构建合理容纳随机型和非随机型两大方法体系的统计指数理论。

具体的思路是：首先，将指数分析方法划分为总量指数的分析方法和样本指数的分析方法。其中，总量指数的分析方法属于确定性的研究方法，主要目的在于进行总体结构的数量特征、变动情况、影响因素等方面的研究。分析方法将建立在现有的社会经济统计指数体系（包含拉氏指数和派氏指数形式）的基础上，但对其分析方法和功能需要结合更多的数学分析方法加以大刀阔斧的改造和整合。其次，要构建样本指数的理论框架及应用分析方法。在随机抽样的基础上构建样本指数及其相应的分析方法——在此方面已经做了一些相应的工作。最后，从总量指数与样本指数的关系来看，总量指数是总体参数，其本身就是反映总体结构的极具分析价值的统计指标，同时也是一种极具自身特色的分析方法。在总体相关数据条件具备的情况下，可以采用指数分析方法对总体指数进行动态分析、结构分析和影响因素分析（包括绝对数分析和相对数分析）。而样本指数则是在总体容量较大，并且不具备总体相关数据条件的情况下，在随机抽样的基础上构建出来的，用总体指数进行估计和推断的样本估计量。概率数理统计的理论告诉我们，只有在此基础上所构建出的样本指数才具有作为一种优良的估计量的性质，才有可能计算和控制抽样误差。当然，由于样本指数的构建方法依赖于总体指数的结构，所以，样本指数依然是一种统计指数，对样本指数同样适用于统计指数的分析方法。有关此问题的研究，是对统计指数进行创新研究的一大任务。

2.现有的统计指数理论框架

统计指数体系只能依赖于乘积关系的"经济方程式"的问题。作为一种历史悠久的科学分析方法，统计指数分析方法发展的现状是十分尴尬的。作为统计指数分析的重要基础的统计指数体系，只能是乘积关系的经济方程式的研究范式，不能不说是导致其应用范围非常狭窄、直接影响指数分析方法的应用和推广的又一重大原因。经济现象之间的联系是千丝万缕和复杂多样的，或者说，在数量关系上应该表现为数学形式为和差积商以及更复杂关系的经济方程式。这样，在对经济现象进行定量分析的时候，就应当按照经济现象之间的内在联系方式和类型来建立数量分析模型。而统计指数体系其本质上也应当是一种包含多种经济变量的数量分析模型。因此，没有必要也不应当把指数体系的分析方法限制在乘积关系的经济方程式的狭小框架之内，人为地限制这种科学分析方法的应用范围。根据初步研究，现在已经建立了包括"乘法模型""加法模型"和"混合模型"在内的多种指数分析体系，将极大地扩展统计指数体系分析的应用范围。

3.现行统计指数分析方法的非随机性问题

我国现行的建立在"综合指数分析的一般原则"基础之上的指数分析方法，实际上是一种建立在苏联计划经济模式上的统计分析方法。这种方法在本质上是一种确定性的分析方法。虽然并不否认这种分析方法在经济活动类型单一、数理科学分析方法很少应用于经济分析中的时代曾经发挥过积极的作用，但是，要用这种分析方法来应对当前这种经济多元化、经济全球化和现代数理科学广泛应用于经济分析的信息化时代的现代经济环境，就显得力不从心了。而且，即使是建立在"固定篮子"即"代表性商品"集团基础上的物价抽样调查，由于"代表性商品"的决定方式所导致的非随机性，决定了样本的非随机性，因此无法计算物价抽样调查的抽样误差，也就无法确定由此样本所计算的物价指数所对应的置信概率，没有充分利用现代统计科学的发展成果，造成了物价抽样调查理论研究停滞不前，实际应用经常遭到社会各方面质疑的令人困惑的局面。我们认为，解决这一困境的唯一方法就是从理论上深刻认识建立在苏联计划经济模式上的统计指数分析方法已经不再适用于现代的市场经济环境，必须引入现代科学的分析方法，从根本上对统计指数分析方法（也包括物价抽样调查和物价指数编制方法）进行彻底的改造，以适应现代经济发展和统计科学发展的客观要求。

4.权数（同度量因素）时间固定的方法

即按"综合指数编制的一般原则"，在"现实的经济意义的表象下"所进行的分析，包含了不现实的抽象的假定性和使用者的主观随意性，其计算结果是不真实的问题。具体地讲，在现行的建立在"综合指数编制的一般原则"基础之上的指数分析方法中，关于权数（同度量因素）时间固定的方法，即所谓"在研究质量指标指数时，以相应的数量指标为同度量因素，并将其固定在报告期；在研究数量指标指数时，以相应的质量指标为同度量因素，并将其固定在基期"的编制方法，的确包含了不现实的抽象的假定性和使用者的主观随意性，其计算结果是不真实的。其实质是在使用报告期数量指标作权数的质量指标指数，其中不仅包含了质量指标的变动，还包含了质量指标和数量指标共同变动的影响，而使用基期质量指标作权数的数量指标指数，却只包含了数量指标自身的变动。这一现象，已被一些已有的研究成果所证实。由于这种变动程度测度上的偏差，就可能（实际上是必然，只不过是偏差程度不同，有时候表现不明显而已）造成指数分析中绝对数分析和相对数分析的矛盾。当然，解决这一问题的方法就是充分认识造成这一问题的弊端，重构指数分析的"一般原则"。在此方面，也已做了一些初步的尝试。

5.现行统计指数体系的多因素分析方法存在的问题

现行统计指数体系的多因素分析方法或称连锁替代法。这种方法具有以下几个特点：一是要求各因素或其因素指数呈乘积关系；二是各因素的权数由基期到报告期顺次（连锁）变化；三是反映各因素变动的时间顺序应按照先质量指标后数量指标的顺序进行。由此可以发现这种分析方法的局限性。首先，各因素或其指数必须呈乘积关系的要求已将大量的经济关系的分析排除在外，成了指数分析方法发展的"桎梏"；其次，各因素的权数强制性地由基期到报告期顺次（连锁）变化，造成这种"多元"指数的各同度量因素，有些固定在报告期，有些固定在基期，形成一组相互关系错综复杂的假定数据，根本谈不上有什么"现实的经济意义"。如果说在经济统计分析中要避免经济数量分析的"数字游戏"的话，其实这就是一种典型的"数字游戏"。再次，在分析的变量超过两个的情况下，要套用所谓的"综合指数编制的一般原则"就不太方便了，因为在此情况下判断某一指标到底是质量指标还是数量指标，就很难找出一个通用的原则和标准，而方法使用得正确与否主要依赖于使用者的"聪明才智"。由此，在质量指标和数量指标的界定这种基本问题上需要"仁者见仁，智者见智"的现象，实际上是一种科学性意义上的不成熟，这不能不说是统计指数分析方法的又一缺陷。最后，所谓的"指数体系的多因素分析方法"，实际上能够分析的因素一般都不超过3个，能够达到4个、5个因素的情况都是罕见而且十分勉强的，至于6个以上的因素分析，则可以说是"闻所未闻"。可见，这样的"多因素分析方法"，怎么能够适应现代经济如此复杂的相互关系呢？而包含"乘法模型""加法模型"和"混合模型"在内的多种指数分析体系，就是试图从根本上改变这一现象，克服多因素指数分析的这一"顽疾"。这也是本研究的一大重点和难点。

6.统计指数体系中相对数分析和绝对数分析之间关系的研究不足

这个问题包括以下几种含义：首先，统计指数是早期社会统计学家留给我们的宝贵的统计财富。从社会经济统计方法论的角度来讲，具有重大的社会经济影响，兼具广阔的理论研究发展空间，同时统计特色鲜明的统计方法并不多见，统计指数在此方面可谓屈指可数。但数十年来，统计指数在学术研究上并没有取得重大的突破，这种现象与其所应当享有的学术地位很不相称。因此可以说，将统计指数理论和应用的研究发扬光大，是历史赋予统计工作者的重大历史使命。其次，从统计指数的功能和作用来看，统计指数是一种极具特色同时也是其他科学研究方法难以替代的研究工具，它理应在现代复杂多变的市场经济条件下发挥更大的作用，具有广阔的发展空间。再次，统计指数是社会辨识和认知程度相当高的一种统计方法，加强统计指数的研究，对于提高社会的统计水准，提高社会对统计工作的尊重，进而提高统计的社会地位，具有十分重要的意义和作用。最后，关于"如果乘积关系成立，则和差关系就成立"的问题，初步的研究结论表明，从数学的意义上讲，"如果指数的乘积关系成立，则和差关系就成立"的原理并不成立。这种关系的成立需要一定的条件，这种条件与同度量因素及其固定的时间有重要的关系。但这并不能反证"综合指数编制的一般原则"所编制或计算的指数和相应的指数体系的正确性，事实上很容易证明，用与"综合指数编制的一般原则"恰好相反的方式来固定权数的时间，所形成的相对数关系和绝对数关系同样成立，但这同样不能因此说明这种分析方法的正确性。

7.统计指数的理论研究严重滞后于社会经济发展的需要

作为一种历史悠久并且社会影响很广的统计方法，统计学界对其深刻的研究可谓稀少。这里我们提出，社会经济统计理论要发展，指数理论研究要先行。对此，我们充满信心。总之，要提高统计的社会地位，提高统计科学的研究水平，加强统计指数的研究势在必行。

8.社会各界对现行的统计指数的编制方法和分析方法存在质疑

可以从两个方面来认识这一问题：诚然，部分公众的统计水准有待提高，统计知识的宣传工作应该加强；但是，也应当清楚地看到，所发布的有些统计指标数据以及相应的计算和分析方法，本身也存在着一些有待完善的地方；在回应社会各界质疑的一些问题时所作的解释，在有些方面的确是苍白无力的。这也从另一个方面说明，我国关于统计理论和应用的研究，特别是关于统计指数理论和应用的研究，还存在着一些缺陷和不足，需要尽快地加强。

第二节 综合指数的编制

一、综合指数的概念和特点

（一）综合指数的概念

在所研究的总量指标中，包含两个或两个以上的因素，将其中一个或一个以上的因素固定下来，只考察其中一个因素的变动，这样编制出来的指数叫综合指数。

（二）综合指数的特点

从编制方法来看，综合指数具有以下几个特点：

1.先综合后对比

总体中各单位由于使用价值不同，其总体的单位及其标志值不能直接加总对比。例如，电视机、小麦、衣服等商品，由于使用价值不同，是不能将它们相加测定其总变动的。怎样才能分析其变动呢？这时需要有一个媒介或者说一个过渡因素。由于有了这个因素，原来直接相加没有经济意义的现象可以直接相加，这个过渡因素就叫同度量因素。例如，电视机、小麦、衣服等商品尽管它们的使用价值不同，计量单位有台、千克、件之分，但它们都是社会劳动产品，都包含了一定的社会必要劳动时间，也都具有价值，而价值是可以直接相加和对比的。将这三种商品销售量与其单价相乘，然后汇总得到这三种商品销售总额的变动情况，这里商品的单价就是过渡因素，在统计上称为同度量因素。

2.将同度量因素加以固定

计算综合指数时须将同度量因素加以固定，才能测定所研究现象的变动情况。例如，研究某商店商品销售量的变动情况时，商品价格可以作为同度量因素，将每种商品销售量乘以各自商品的价格，得到可以直接相加的销售额。但如果用报告期的销售量乘以报告期的价格，得到报告期的销售额，用基期的销售量乘以基期的价格，得到基期的销售额，比较这两个销售额，得出的指数并不是所求商品的销售量指数，而是销售额指数，它包含了销售量和价格两个因素的变动。要计算商品销售量指数，必须将价格这个同度量因素固定下来，将报告期和基期的销售量都乘以同一个时期的价格，这样得出的两个销售额之比，反映的才是销售量这一因素的变动情况。同理，如要计算商品价格指数，就需要将销售量固定不变，得到的就是价格这一因素的变动。

3.指数的分子分母所研究对象的范围应一致

计算综合指数时，分子和分母的统计范围、计算单位等都应一致，否则计算出来的结果是不正确的。由于综合指数是两个总量指标对比，所以，需要在全面资料的基础上进行计算。

二、综合指数的编制方法

（一）数量指标指数的编制

数量指标指数是反映复杂现象总体规模、水平或工作总量变动程度的指数，一般是根据总量指标计算的。例如，产品产量指数、商品销售指数、货物周转量指数等，它们是根据产量、销售量、周转量等数量指标计算的。下面以商品销售量为例说明数量指标指数的编制方法。

商品销售量指数是要综合反映各种不同使用价值、不同计量单位的商品报告期比基期在数量方面的变动程度。根据这个目的，关键一步是确定同度量因素，解决可加性问题。计算销售量指数是以价格作为同度量因素的。即：

$$\sum（销售量×价格）=销售额$$

这个经济关系式说明，借助于价格把不能直接相加的商品销售量转化为商品销售额，就可以相加了。这里，价格就是计算销售量指数的同度量因素。可以看到，价格对全部商品的销售额起到了权衡轻重的作用，价格高的商品，销售额就大，反之就小。因此，从这个意义上说，同度量因素也称权数。

解决了可加性问题，并不是最终目的，要从报告期与基期的对比中反映出各种商品销售量总的变动程度，这就要求必须消除价格变动对销售量变动的影响。因此，应当把价格这个同度量因素固定下来，也就是假定报告期和基期价格相同，从而突出销售量的变动。

确定了以固定的价格作为同度量因素后，就要解决是用基期价格还是用报告期价格，或者是用某一固定时期的价格的问题。对于这个问题，统计学界一向有不同看法和主张，因为用这三个价格计算出的销售量指数是不同的，并具有不同的经济内容。下面对用三个不同时期价格作为同度量因素的计算公式分别加以介绍。

1.以基期价格作为同度量因素

$$L_q = \frac{\sum q_1 p_0}{\sum q_0 p_0}$$

公式中，L_q 为商品销售量总指标；

$\sum q_1 p_0$ 为按基期价格计算的销售额；

$\sum q_0 p_0$ 为基期销售额。

2.以报告期价格作为同度量因素

$$P_q = \frac{\sum q_1 p_1}{\sum q_0 p_1}$$

公式中，$\sum q_1 p_1$ 为报告期销售额；

$\sum q_0 p_1$ 为按报告期价格计算的销售额。

3.以某一固定时期的价格作为同度量因素

$$\overline{K_q} = \frac{\sum q_1 p_n}{\sum q_0 p_n}$$

公式中，$\sum q_1 p_n$ 为按固定价格计算的报告期销售额；

$\sum q_0 p_n$ 为按固定价格计算的基期销售额。

（二）质量指标指数的编制

质量指标指数是反映经济工作质量变动程度的指数，一般是根据相对指标或平均指标计算的。例如，产品成本指数、价格指数、劳动生产率指数、平均工资指数等，它们是根据产品单位成本、价格、劳动生产率等质量指标计算的。下面以商品价格指数为例说明质量指标指数的编制原理和方法。

上述数量指标指数编制时，各种使用价值不同的产品或商品实物量是不能相加的。现在把使用价值不同的产品或商品的价格相加也是不合理的。那么，要综合反映多种不同产品或商品价格的总变动程度，首先也要确定同度量因素，解决可加性问题。计算价格指标指数是以销售量作为同度量因素的。即：

$$\sum（销售量 \times 价格）=销售额$$

与数量指标指数的编制相同，质量指标指数的同度量因素即数量指标也必须固定下来，从而才能突出质量指标的变动。那么销售量因素应该固定在什么时期呢？统计学界也有不同的看法，因而产生了不同的指数公式。

1.以基期销售量作为同度量因素

$$L_p = \frac{\sum q_0 p_1}{\sum q_0 p_0}$$

公式中，L_p 为价格总指数。

2.以报告期销售量作为同度量因素

$$P_p = \frac{\sum q_1 p_1}{\sum q_1 p_0}$$

这个公式称为派氏价格指数公式，其计算结果说明在报告期销售量条件下价格的综合变动程度。分子减分母的差额（$\sum q_1 p_1 - \sum q_1 p_0$），说明价格变动对销售额绝对值的影响。

三、平均数指数的编制方法

以个体指数为基础，采取平均形式编制的总指数，称为平均数指数。综合指数与平均数指数都是编制总指数的方法，适用于不同的条件，各有其应用价值。它们之间既有联系，也有区别。其联系表现为：在特定的权数条件下，它们存在变形关系，即综合指数可改变为平均数指数；其区别在于：平均数指数除了作为综合指数的变形使用外，还是计算总指数的一种独立形式。平均数指数按加权与否可分为简单平均数指数和加权平均数指数；按平均形式的不同可分为算术平均数指数、调和平均数指数和几何平均数指数。以下介绍几种常用的平均数指数。

（一）加权算术平均数指数

编制数量指标指数时，如果掌握的资料只是个体指数和综合指数的分母即基期的实际数值资料，就要用加权算术平均数指数公式计算其总指数。

如果已知个体产品产量指数 $K=q_1/q_0$，则 $q_1=Kq_0$，代入产量综合指数公式，得 $\overline{K_q}=\dfrac{\sum q_1 p_0}{\sum q_0 p_0}=\dfrac{\sum Kq_0 p_0}{\sum q_0 p_0}$。公式中，以个体产品产量指数 K 为变量，以基期产品产值（$q_0 p_0$）为权数，则产品产量综合指数就变为加权算术平均数指数。

（二）加权调和平均数指数

加权调和平均数指数是以各个个体指数为变量，按调和平均数形式进行加权计算的总指数。这种形式的指数公式通常用来编制质量指标指数。例如，编制物价指数时，一般不易取得销售量资料，只能掌握报告期的销售额以及有关的价格资料，这时就不能直接编制物价综合指数，而要采用加权调和平均数指数公式计算。

如已知个体物价指数 $K=p_1/p_0$，则 $P_0=p_1/K$，代入物价综合指数公式，即得：

$$\overline{K}=\frac{\sum Kp_1 p_1}{\sum p_0 p_1}=\frac{\sum p_1 p_1}{\sum \frac{1}{K}p_1 q_1}$$

公式中，以个体产品物价指数 K 为变量，以报告期产品销售额（$p_1 q_1$）为权数，则产品物价综合指数就变为调和平均数指数。

综上所述，可以看出：第一综合指数改变为算术平均数指数时，要以综合指数的分母指标 $p_0 q_0$ 作为权数；第二综合指数改变为调和平均数指数时，要以综合指数的分子指标 $p_1 q_1$ 作为权数。在这种特定权数条件下改变成的平均数指数公式，其计算形式虽然不同于综合指数，但计算结果和反映的经济内容与相应的综合指数是一致的。在这种特定的权数条件下，平均数指数是综合指数的变形。

（三）固定权数加权平均数指数

平均数指数除了作为综合指数的变形使用外，本身具有广泛的应用价值，是计算总指数的一种独立形式。例如，固定权数加权平均数指数就是在国内外统计工作中广泛使用的一种独立的平均数指数形式。与作为综合指数变形的平均数指数不同，它是采用固定权数（W）计算的，这种权数是根据有关抽样资料，经分析后加以确定，并采用比重的形式固定下来，在较长一段时期内作为不变权数使用，使总指数的计算简便易行。例如在我国商业统计中，编制零售物价指数时就采用固定权数加权算术平均数法，其权数是经过调整的基期销售额，即用各类商品的销售额所占的比重 W 表示，以 K 代表各类零售消费品价格的个体指数，计算公式为：

$$\overline{K}_p = \frac{\sum KW}{\sum W}$$

平均数指数与综合指数相比，其特点是：

第一，综合指数的编制需要全面材料，而平均数指数既可根据全面材料，也可根据非全面材料编制。

第二，平均数指数可直接利用现成的总值资料作为权数，还可以用权数的比重代替其实际数值，使总指数的计算简便易行。

第三，当权数资料不易取得时，可以在对研究对象的实际情况进行具体分析的基础上，定出假设的权数进行计算。

总之，平均数指数能根据非全面材料计算，并具有简便、快速和灵活的优点。但它也有局限性。如按固定加权平均形式编制的指数，只能反映现象变动的方向和程度，不能直接计算出现象变动产生的实际效果。

第三节　指数因素分析

一、指数体系

指数体系，就是一系列相互联系，彼此间在数量上存在推算关系的统计指数所构成的整体。指数体系一般保持两个对等关系，即若干因素指数的乘积等于总变动指数；若干因素对总指标的影响之和等于总变动指标的实际增减额。例如：

商品销售额指数=商品销售价格指数×商品销售量指数

$$\frac{\sum q_1 p_1}{\sum q_0 p_0} = \frac{\sum q_1 p_1}{\sum q_1 p_0} \times \frac{\sum q_1 p_0}{\sum q_0 p_0}$$

商品销售额实际增减额=商品销售量变动的影响额+商品价格变动的影响额

$$\sum q_1 p_1 - \sum q_0 p_0 = \left(\sum q_1 p_0 - \sum q_0 p_0\right) + \left(\sum q_1 p_1 - \sum q_1 p_0\right)$$

工资总额指数=职工人数指数×平均工资指数

$$\frac{\sum x_1 f_1}{\sum x_0 f_0} = \frac{\sum f_1 x_1}{\sum f_0 x_0} \times \frac{\sum x_1 f_1}{\sum x_0 f_0}$$

工资总额实际增减额=职工人数变动的影响额+平均工资变动的影响额

$$\sum x_1 f_1 - \sum x_0 f_0 = \left(\sum f_1 x_0 - \sum f_0 x_0\right) + \left(\sum x_1 f_1 - \sum x_0 f_1\right)$$

上述经济关系式都分别构成各自独立的指标体系。

在统计实践中，由于编制指数选择的同度量因素及时期不同，故指数体系也有着不同的表现形式。

如果编制的数量指标指数，将质量指标（同度量因素）固定在基期，编制质量指标指数，将数量指标（同度量因素）固定在报告期，则指数体系为：

$$\frac{\sum q_1 p_0}{\sum q_0 p_0} \neq \frac{\sum p_1 q_1}{\sum p_0 q_1} \frac{\sum p_1 q_1}{\sum p_0 q_0}$$

$$\sum p_1q_1 - \sum p_0q_0 = (\sum q_1p_0 - \sum q_0p_0) + (\sum p_1q_1 - \sum p_0q_1)$$

如果编制的数量指标指数，将质量指标（同度量因素）固定在报告期，编制质量指标指数，将数量指标（同度量因素）固定在基期，则指数体系为：

$$\frac{\sum q_1p_1}{\sum q_0p_0} \neq \frac{\sum p_1q_0}{\sum p_0q_1} \cdot \frac{\sum p_1q_1}{\sum p_0q_0}$$

$$\sum p_1q_1 - \sum p_0q_0 = (\sum q_1p_1 - \sum q_0p_1) + (\sum p_1q_0 - \sum p_0q_0)$$

不同的指数体系起着不同的作用，反映现象之间不同的经济联系，运用哪一种指数体系最好，要根据实际情况和分析目的来决定。不过，一般来讲，以第一种指数体系较好，在实际统计工作中多用这种指数体系。这是因为在研究数量指标（如销售量）变动时，通常不包含质量指标（价格）变动为好；而在观察研究质量（如价格）变动时，更关心这种变动所带来的实际经济效果。第一种指标体系的计算结果能符合这种研究目的，具有更大的实际经济意义。

在指标体系中，指数之间既然存在着这种联系，因此如果知道了其中的若干个指数，就可以根据指数体系的对等关系求出某一个未知的指数，也可以进行因素分析。

二、因素分析法

因素分析法是根据指数体系理论，从数量方面研究现象总变动中各因素变动的影响方向、程度和绝对效果的一种方法。

（一）因素分析法的种类

1.两因素分析和多因素分析

按分析时所包含的因素多少分，可分为两因素分析和多因素分析。两因素分析仅对两个因素的变动情况进行分析，它是因素分析的基本方法。如销售价格和销售量对销售额的影响分析。

多因素分析则指研究对象包含两个以上因素变动的影响分析。如原材料支出额受产品产量、原材料单耗、原材料单价的影响分析。

2.总量指标因素分析和平均指标因素分析

按分析的指标种类划分，可分为总量指标因素分析和平均指标因素分析。总量指标因素分析是指分析的对象是总量指标的因素分析。如产值受产量、出厂价格因素影响的分析；原材料支出额受产品产量、原材料单耗、原材料单价的影响分析。这里产值和原材料支出额都是总量指标。平均指标因素分析是指分析对象是平均指标的因素分析。如同一单位不同时期职工平均工资受各类职工工资水平和职工人数构成因素变动影响的分析。

（二）因素分析法的程序

运用因素分析法应建立指数体系，并依据指数体系从相对数及绝对数两个方面进行分析计算。其程序是：第一，根据现象之间的经济关系，建立指数体系；第二，计算被分析指标的总变动程度和增减变动的绝对数；第三，计算各因素变动的程度和对分析指标影响的绝对数；第四，对指数体系间的等量关系进行综合说明。

（三）总量指标因素分析法

1.总量指标两因素分析

总量指标两因素分析是指在一个现象总变动受两个因素影响时，分析其中每个因素的变动对总变动影响的方向和程度。

2.总量指标多因素分析

总量指标多因素分析是指一个现象总变动受两个以上因素变动的影响，借助指数体系可以测定其中每一因素变动对总体变动的影响各有多大。例如，工业产品原材料支出额的变动就受原材料消耗量和单位原材料价格两个因素变动的影响。而原材料消耗量的变动又受产品产量和单位产品原材料消耗变动的影响，这样，工业产品原材料支出额的变动就受产品产量、单位产品原材料消耗变动和单位产品原材料价格三个因素的影响；同样，工业总产值可以分解为职工人数、工人占职工比重和工人劳动生产率三个因素；利税总额可以分解为全部职工人数、工人占职工比重、工人劳动生产率和产值利税率四个因素等。它们都可以利用指数体系进行多因素分析。

利用指数体系对总量指标的变动进行多因素分析，其中分析方法和两因素分析法基本相同。由于包括因素较多，分析过程比较复杂，因而有以下几个问题应加以注意：一是多因素分析要正确排序。排序要根据现象总体的经济内容，使之符合客观事物的联系或逻辑。各因素顺序的排列一般遵循数量指标因素在前、质量指标因素在后的原则，并且要符合主要指标之间的经济联系。二是多因素分析必须遵循连环代替法的原则。在正确排序的基础上，顺次逐项分析。当分析第一个因素的变动影响后，接着分析第二个因素的影响，然后再分析第三个因素的影响，依此类推。三是必须逐项确定同度量因素。在多因素分析中，为了分析某一因素的影响，要求将其余因素固定不变。具体方法是，当分析第一个因素的影响时，就把其他所有因素固定在基期；当分析第二个因素的变动影响时，则把已经分析过的因素固定在报告期，没有分析过的因素仍固定在基期，依此类推；分析最后的影响因素时，将以前所有的因素都固定在报告期。

第四节　常见的统计指数

一、居民消费价格指数

居民消费价格是指居民支付所购买消费品和获得服务项目的价格，这与人民生活密切相关，在国民经济体系中占有重要的地位。居民消费价格指数是反映上述这种消费品和服务项目价格变动趋势和程度的相对数，它可用来分析居民实际收入水平和生活水平的变化情况，是政府研究、制定价格政策和分配政策的重要依据，世界各国都在编制这种指数。

我国的消费价格指数是采用固定加权算术平均指数方法来编制的。其主要编制过程和特点是：一是将各种居民消费划分为八大类，包括食品、衣着、家庭设备及用品、医疗保健、交通和通信工具、文化娱乐用品、居住项目及服务项目等，下面再划分为若干个中类和小类。二是从以上各类中选定有代表性的商品项目（含服务项目）编制指数，利用有关对比时期的价格资料分别计算个体价格指数；三是依据有关时期内各种商品的销售额构成确定代表的比重权数，它不仅包括代表品本身的权数（直接权数），而且还包括该代表品所属的那一类商品中其他商品所具有的权数（附加权数），以此提高入编项目对所有消费品的一般代表性程度；四是按从低到高的顺序，采用固定加权算术平均数公式，编制各小类、中类的居民消费价格指数和居民消费价格总指数。

$$\overline{K}_p = \frac{\sum i_p w}{\sum w} = \frac{\sum i_p w}{100}$$

公式中的权数（w）通常根据家庭生活收支调查资料确定，一经确定，几年不变。

二、零售价格指数

零售价格指数是测定市场零售商品价格变动程度和趋势的一种相对数，可用于分析市场商品供需和国民经济运行情况，是政府研究和制定价格政策、分配政策、加强市场管理和宏观调控的依据。

零售价格指数按研究的范围不同可分为各省（区、市）地区零售价格指数和全国零售价格指数；同时，还可按农村和城市编制农村零售价格指数和城市零售价格指数，以反映各地和全国城乡不同经济条件下的零售价格变动情况。

由于社会零售商品数以千计，且价格处于经常变动中，难以取得全面资料按综合指数公式计算。实际工作中，只能采取抽样方法，选择代表规格品，对这些代表规格品的单项指数加权平均，计算各类商品零售价格指数。因此，编制零售价格指数必须解决商品分类、代表规格品的选择、价格采集和权数确定等问题。

（一）商品分类和代表规格品的选择

按照国家统计局的规定，全部商品分为食品、饮料烟酒、服装鞋帽、纺织品、中西药品、化妆品、书报杂志、文化用品、日用品、家用电器、首饰、燃料、建筑装潢材料、机电产品十四大类，每个大类又分为若干个中类，中类再细分小类，每个小类又包括若干商品集团。计算零售价格指数的代表规格品从商品集团中抽选。

代表规格品一般选择中等质量、在当地销售量大、生产和销售前景较好、价格变动趋势有代表性的商品。各地根据统计局规定调查的商品目录和地区的实际情况进行选择。由于生产不断发展，商品品种规格不断变化，对代表规格品需要经常审查和进行调整。

（二）商品价格的调查与计算

对代表规格品的价格，一般由各地根据商品销售额的比重以及农贸市场商品成交额的大小，选择那些经营品种比较齐全、商品销售额大的中心市场作为价格调查点，派员定点定时直接登记调查。计算价格指数所用的商品价格，是根据调查取得的资料按月、季和年计算的平均价格。

（三）计算公式和权数

零售价格的类指数和总指数都是采用加权算术平均数公式：

$$\text{类指数} \bar{k}_p = \sum k_p \frac{w}{\sum w}$$

公式中：

k_p 为各种代表规格品单项指数；

w 为代表规格品所代表的商品集团的零售额；

∑w 为小类商品零售总额。

零售价格指数计算的程序是先小类，再中类、大类，最后由各大类商品零售价格指数加权平均为城市（或农村）零售价格总数。每一层权数都是同一层中各类商品零售额所占比重，用百分比表示，其和为100。

三、工业生产指数

工业生产指数概括地反映一个国家或地区各种工业产品产量的综合变动程度，它是衡量经济增长水平的重要指标之一。世界各国都非常重视工业生产指数的编制，但采用的编制方法却不完全相同。

在我国，工业生产指数是通过计算各种工业产品的不变价格产值来加以编制的。其基本编制过程是：首先，对各种工业产品分别制定相应的不变价格标准（记为 p_c）；其次，逐项计算各种产品的不变价格产值，加总起来就得到全部工业产品的不变价格总产值；最后，将不同时期的不变价格总产值加以对比，就得到相应时期的工业生产指数。

记 T 时期的不变价格总产值为 $\sum q_t p_c$（t=0，1，2，3，…），则该时期的工业生产指数就是固定加权综合指数的形式：

$$\overline{K}_q = \frac{\sum q_t p_c}{\sum q_0 p_c} \ \text{或} \ \overline{K}_q = \frac{\sum q_t p_c}{\sum q_{t-1} p_c}$$

采用不变价格法编制工业生产指数的特点是：只要具备了完整的不变价格产值资料，就能够很容易地计算出有关的生产指数；而且可以在不同层次上（如各地区、各部门、各企业等）进行编制，满足各方面的分析需要。

然而，不变价格的制定和不变价格产值的计算本身却是一项非常浩繁的工作，这项工作又必须不断地、全面地展开，其难度可想而知。尤其是在市场经济条件下，要在整个工业生产领域内运用不变价格计算完整的产值资料，面临着很多实际的问题。因此，我国工业生产指数编制方法的改革势在必行。

与我国的情况不同，在国外，较为普遍地采用平均指数的形式来编制工业生产指数。计算公式为：

$$\overline{K}_q = \frac{\sum i_q q_0 p_0}{\sum q_0 p_0}$$

其中，i_q 为各种工业品的个体产量指数，q_0p_0 则为相应产品的基期增加值。编制这种工业生产指数的目的是说明工业增加值中物量因素的综合变动程度，其分析意义与一般的工业总产量指数是有所不同的。

在实践中，为了简化指数的编制工作，常常以各种工业品的增加值比重作为权数，并且将这种比重权数相对固定起来，连续地编制各个时期的工业生产指数：

$$\overline{K}_q = \frac{\sum i_q w}{\sum w}$$

四、股票价格指数

股票价格指数是指用以表示多种股票平均价格水平及其变动并衡量股市行情的指标，包括股价指数指标和股价平均数指标。股价指数是用来反映不同时点上股价变动情况的相对指标，通常用报告期的股票价格与选定的基数价格相比，并将两者的比值再乘以基数的指数值即得到该报告期的股票价格指数。人们通过观察股票价格指数的变化，可以衡量出报告期股价与基期相比的变动方向及幅度。股价平均数是用来反映一定时点上多种股票价格变动一般水平的指数，通常用算术平均数或修正平均数表示。股价平均数与股价指数的区别是：前者反映一定时点股票价格水平的绝对数，是所有上市股票价格的平均数；后者反映不同时点上股价变动水平的相对数，是通过不同时点股价平均数的比较计算出来的。因为股价指数的计算本身就包含了股价平均数的计算，因此，人们所指的股票价格指数就是股价指数。

股票价格指数一般由证券交易所、金融服务机构、咨询研究机构和新闻单位编制和发布。其编制的步骤如下：第一步，根据上市公司的行业分布、经济实力、资信等级等因素，选取适当数量的有代表性的股票作为编制指数的样本股票。样本股票可以随时更换或做数量上的增减，以保持良好的代表性。第二步，按期到股票市场上采集样本股票的价格。第三步，利用科学的方法和先进的手段计算出指数值。第四步，通过新闻媒体向公众公布。为保持股价指数的连续性，使各个时期计算出来的股价指数相互可比，有时还需要对指数值做相应的调整。

编制股票价格指数的几种主要方法和公式如下：

（一）总和法

即将报告期的股价总和与基期股价总和直接对比计算股价指数。其公式为：

$$总股价指数 = \sum p_1 / p_0$$

公式中，p_1 为报告期某种样本股票价格；

p_0 为基期某种样本股票价格；

$\sum$ 为报告期所有样本股票价格相加。

（二）简单平均法

即对所有样本股票的个体股价指数按简单算术平均法，求得总体股票指数。其计算公式为：

$$简单平均股价指数 = 1/n \sum p_1 / p_0$$

用此方法求出的股价指数可以灵敏地反映股价的短期波动。

（三）加权综合法

它是以样本股票的发行量或交易量因素来计算的股价指数，其计算公式按同度量因素所属时期不同分为两种：

$$基期加权综合股价指数 = \sum P_1 Q_0 / \sum P_0 Q_0（拉氏公式）$$

$$报告期加权综合股价指数 = \sum P_1 Q_1 / \sum P_0 Q_1（派氏公式）$$

公式中，P_0、P_1 分别为基期、报告期股价；

Q_0、Q_1 分别为基期、报告期的发行量或交易量。

其中，以发行量加权的综合股价指数，称为市价总指数；以交易量加权的综合股价指数，称为成交总额指数。

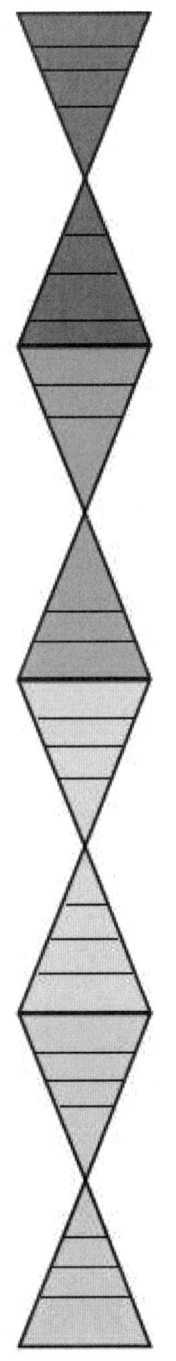

第四章

统计分析方法与应用

第四章　统计分析方法与应用

第一节　常见的统计分析方法

在财务管理过程中，财务部门需要向企业管理层以及投资者等相关利益主体报送财务报表，以便让以上主体及时了解单位的相关情况，如企业盈利能力、负债状况、现金流量、运营结果等。而这些财务指标的分析，则是通过比率分析、因素分析和对比分析等多种分析手段来实现的。

一、比率分析法

比率分析法指的是各种经济指标的财务比率，但它的运用要综合考量各种因素，包括企业的财务情况等因素，并对其进行综合评价，得出经济指标的财务比率方法。由此可以看出各个经济指标的内在关联，以及各个经济活动的内在关联。

一般的比率包括：相关比率、构成比率、效能比率等。相关比率是指两个或更多的经济活动之间的相互关系比较后得到的一种财务比率，如现金比率、资产负债率。通过两种或多种经济业务的联系，可以了解企业的生产经营状况，明确各种经济业务安排是否合理等，从而进行适时的调整。构成比率是指企业内部的某个经济指标与整体的对比，如一个企业的存货周转速度。

从构成比率上，可以清楚地看出各个经济部门在整体经济活动中所占有的比例。效能比率是成本与收益的比较，它是一种可以体现投入和输出的相关指标。比率分析法能简单直观地反映企业某个领域的财务和经营绩效，但所揭示的信息领域也有一些限制，必须根据相关数据和现实情况进一步深入地进行研究，并与其他的方法紧密合作。

二、因素分析法

因素分析法是通过对某一指标的多种因素进行综合评价，以求出各因素对该指标的影响。因素分析法有四大类，即指标分解法、连环替代法、差额分析法和定基替代法。

指标分解法是把一个比较复杂的指标划分为几个小指标，然后逐个研究，这样便于分析和实施。

连环替代法是把分析指标分成若干要素，根据每个因素之间的依赖关系，每个因素的顺序比较值（通常是实际值）依次取代基准值（通常是标准值或者计划值），从而确定各种因素对指标的作用。

差额分析法是一种简化的连环替代方法，通过对比各个因素的不同数值和基准值的差异，来求出各个因素对该指标的作用。

定基替代法是一种对不同原因进行定量测量的方法。采用此方式，必须将标准值（历史、同业企业或预算等）替换为实际值，以确定各个因素对财务指数的作用。

因素分析法是一种具有实际意义的统计分析手段，是一种新的研究手段，利用该方法，可以直接客观地发现影响企业的主要财务指标，从中找出影响最大的影响因素，并果断地采取相应的对策，通过对某些经济指标的综合效应和交互作用所导致的特定的变动，运用因素分析法来对其所造成的各种影响进行综合分析，并进行有效的控制，以发挥有效因素的正面效应。

三、比较分析法

比较分析法也就是所谓的对比分析，它是将两个或更多属性相近的指标分别从两个层面进行分析和比较，也就是横向和纵向的比较。

横向比较是指企业与同类企业的同类经济指标进行比较，以此来找出同一时期内各企业的差异。通过对有关资料的对比，可以看出企业的发展状况和劣势，为企业今后的生产和经营活动提供参考。

纵向对比是指企业在各个阶段的经济指标的比较，通过对数据的分析，可以了解到企业在此阶段的资产增减、盈利能力、偿债能力等情况，有助于发现自身在经营过程中的差异、优势和劣势，有助于信息需求者及时做出决策调整以及优化，为企业制定更加合理及有效的运营方案，从而能够在激烈的市场竞争中取胜。

第二节 财务管理过程中需要注意的问题

一、财务管理与统计分析协调发展

统计分析方法目前已经得到了广泛的推广和应用，统计分析可以为企业的财务管理工作带来新的生机，但是很多企业在实际应用过程中，并没有将统计分析真正重视起来，对统计分析方法的应用大多流于形式，在财务管理工作中，没有把统计分析的理论与实际相结合，未能实现深度和广度的扩展，使统计分析的结果无法真正起到应有的效果。统计分析和财务管理是两个完全独立的领域，在企业发展中具有同样的作用。

目前，云计算、互联网、大数据等先进技术得到了广泛的应用，把统计分析和财务管理有机地融合在一起，既能使二者的工作效率得到提升，又能使二者的工作成果互相验证或补充，从而为管理者做出正确的决策提供参考。

与此同时，通过对统计的分析，可以为企业的经营管理工作提供更加详细的数据资料，对降低生产成本、节约管理成本起到重要的指导意义。

二、加强财务管理人员统计分析能力的培养和提升

在我国的企业财务管理中，统计从业的人数较少，许多企业还没有认识到统计分析在财务管理中的重要作用。强化财务管理人才队伍的建设，就要注重加强统计人员的培养，注重财务管理人员统计分析能力和综合素质的培养和提升，要以问题为指导，以解决企业财务管理中的问题为重点，切实加大培养工作力度，努力打造能够推动财务管理与统计分析相结合的财务管理人员队伍。另外，企业可以招聘一定数量的统计专业人员，在加强统计人才的同时，还可以从财务管理的优秀人才中挑选适当的人才，使其能够有效地提升其整体的专业能力，而且还能提高统计分析和财务管理工作的效率。

三、制定科学完善的财务管理与统计分析相关制度

在企业的运作中，运用科学、完备的制度可以为企业的运作提供基础。在大数据时代发展的今天，建立健全财务管理和统计分析相关的制度，可以实现财务管理和统计分析方法的有机结合。在实施过程中，要根据企业的实际状况，制定出相应的内控制度与规章，以完善企业的内部财务管理及监管体系，以便在运用统计分析时提供相应的基础与支持。

与此同时，要把统计分析的理论应用于企业的财务管理工作中，并对其应用技巧、流程等进行明确的规定。另外，要完善有关财务管理的制度，要在统计分析上进行大胆的探索与改革，使统计分析与财务管理体系有机地结合起来。

四、重视运用智能化的信息系统

在大数据时代，大数据为企业财务管理的发展打下了坚实的基础，同时也为智能数据库、动态智能分析平台等智能应用系统的建设提供了理论依据。较多先进的技术得到更新和发展，将统计分析方法融入企业的财务管理工作，创造了一个很好的环境氛围，使其在实际工作中得到进一步的应用。为了使财务管理工作更有效地运用统计分析手段，企业必须加强信息化建设，在引进大数据软件和统计分析方法的同时，要不断地改进统计分析方法的手段，并对其进行适当的选择，以适应财务管理的需要。在此基础上，要对运用在财务管理工作中的各种统计分析方法进行定期的考核和评价，以保证其在实际工作中起到应有的作用。企业运用大数据技术，创新财务经营方式，为财务管理提供多样化的服务，以发掘企业发展的原始数据，提升财务经营管理的效能。

第三节　财务管理中统计分析的具体作用

一、更全面地认识企业的运营状态

　　财务管理作为专业管理手段，对整个企业的运营产生了直接的影响。在财务管理工作中，统计分析作为重要的分析手段，能够分析企业的财务管理数据，对各项数据的真实性负责，并且通过对数据规律的分析找出数据之间的联系。通过全面分析运营数据的方式，掌握企业的运营状态，使整个企业的财务管理能够具备较强的针对性，能够根据财务管理数据全面反映企业的运营状态，最终达到提高企业运营状态分析效果的目的，使整个企业在运营过程中通过统计分析手段的应用，为企业的财务管理提供手段支持，保证企业在财务管理有效性和财务管理针对性以及财务管理数据分析方面能够达到预期目标。

二、及时发现企业运用漏洞

　　基于对企业管理的了解，在财务管理中正确应用统计分析方法，能够及时发现企业的运营漏洞，使整个企业在运营中采取有效的运营方法，并及时弥补运营漏洞，避免企业在运营中发生系统性风险。统计分析的意义在于通过细节数据的分析找出企业的运营规律。通过深度分析的方法总结企业的运营状况，确保企业在运营过程中达到运营要求，通过数据的分析掌握企业的运营规律，对可能出现的运营问题予以提前的干预和调整，最终达到消除企业运营漏洞的目的。因此，采取必要的统计分析方法，并将其应用在企业财务管理中，对企业运营管理工作的开展具有重要影响。

三、更好地总结企业运营规律

企业在财务管理中，通过财务分析报告能够大致分析出企业的运营状况，通过统计分析手段的应用，能够找出多份财务报告之间的联系，能够判断企业的发展趋势和经营管理情况，为整个企业发展战略的制定和调整奠定良好的基础，使企业能够通过财务报告的形式将整个企业的运营状况予以呈现。因此，统计分析作为专业手段，对总结企业运营规律以及满足企业运营需要和推动企业经营管理的不断深入具有重要影响。了解统计分析的重要性，并将统计分析作为财务管理的支持手段，对解决统计分析问题和提高统计分析的针对性具有重要影响。

第四节　财务管理中统计分析应用的几点建议

一、企业要转变管理思维

在大数据时代背景下，企业必须与时俱进，把大数据思想贯彻到企业发展中去，要加强企业财务管理人员的统计分析和数据信息化意识，结合大数据、互联网、计算机技术等加强统计分析方法在企业中的应用，保证财务管理人员在经营中能全面应用统计分析方法进行财务管理，使企业的经营走向精细化，为企业的高质量发展打下坚实的基础。

二、建立预警反馈机制

在现实条件下，企业要适时地构建风险警示和反馈机制，使数据的分析能力得到有效的运用。运用统计分析的方法对企业运营中出现的问题及时进行反馈，加强风险警示，并据此进行修正。然而，"预警—反馈—调整"的映射过程比较烦琐，在此阶段，需要建立相应的责任机制，并使其工作得到合理的安排，以保证工作的顺利实施。

三、深入研究统计分析方法

统计分析法所反映的数据具有一定的独立性，所反映的信息通常都是表面的，往往无法适应企业的发展。要充分利用统计分析方法的优势，就要加大对数据的深度发掘，对更多的数据信息进行搜集和梳理，以便做出合理的决策，确保所采集到的数据与真实的情况更加吻合。与此同时，要加强信息化建设，主动引进大数据智能化的软件，以便对财务信息数据进行可视化的研究与分析，积极探讨以大数据和统计分析结合为一体的新的分析手段，使企业的财务管理可以在现有的信息基础上发掘出更多的价值。

四、持续挖掘财务管理与统计分析的结合点

在实践中，财务管理与统计分析的运用存在着不同的一面和相互关联的一面。比如，在资金资料集成上，财务管理就是对企业内流通的资金进行一种高效的经营，从而充分利用其所具有的优越性。财务管理，就是根据企业的实际资金，来确定某一年度的资金流动状况，从财务角度来说，就是对资金进行整体的控制。

而统计分析，是对所有的资金进行综合的核算和专业的分析，然后，将这些数据进行比较。为了使财务管理和统计分析相融合，并使其更好地发挥作用，必须尽可能地减少差距，并使二者之间的关系更加紧密。

五、加强相关人员的培训力度

对有关员工进行统计、经济等方面的理论培训，以增强其对数据的敏感度；要强化有关工作人员电脑应用的训练，熟练运用大数据技术，培养高质量的管理人才；要强化有关工作人员的专业操守，确保他们在进行统计和分析时能始终坚持职业道德和职业操守，防止数据的失真，从而提高统计分析的精确度。

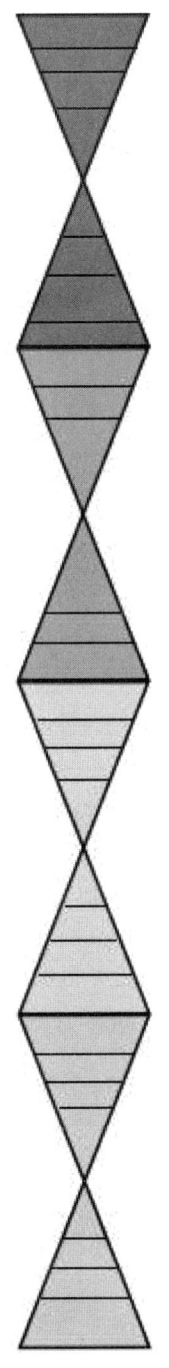

第五章

营运资金管理

第五章 营运资金管理

第一节 营运资金概述

一、营运资金的概念

营运资金有狭义和广义之分，广义的营运资金，是指在企业生产经营活动中投放在流动资产上的资金，即一个企业流动资产的总额，又称毛营运资金。狭义的营运资金，是指流动资产减去流动负债后的余额，又称净营运资金。营运资金包括流动资产和流动负债两个方面。

（一）流动资产

流动资产，是指可以在一年或超过一年的一个营业周期内变现或耗用的资产，流动资产具有占用时间短、周转快、易变现等特点。企业拥有较多的流动资产，可在一定程度上降低财务风险。流动资产按不同的标准可进行不同的分类，常见分类方式如下：

1.按占用形态不同分类

流动资产按占用形态不同，可分为库存现金、银行存款、其他货币资金、交易性金融资产、应收账款、应收票据、预付账款、其他应付款、存货（原材料、库存商品、周转材料等）。

2.按变现能力不同分类

流动资产按变现能力的强弱不同，可分为速动资产和非速动资产。其中，速动资产，是指可以迅速转换成为现金或已属于现金形式的资产，计算方法为流动资产减去变现能力较差且不稳定的存货、预付账款、一年内到期的非流动资产和其他流动资产等之后的余额。

3.按盈利能力不同分类

流动资产按盈利能力不同，可以分为收益性流动资产和非收益性流动资产。其中，收益性流动资产，是指能够直接给企业带来收益的流动资产，包括短期投资、库存商品、结算资产等；非收益性流动资产，是指不能直接给企业带来收益的流动资产，包括库存现金、预付账款、其他应收款等。

（二）流动负债

流动负债，是指在一年或者超过一年的一个营业周期内必须偿还的债务。流动负债又称短期负债，具有成本低、偿还期短的特点。流动负债按不同标准可做不同分类，最常见的分类方式如下：

1.按应付金额是否确定分类

流动负债按应付金额是否确定，可以分为应付金额确定的流动负债和应付金额不确定的流动负债。其中，应付金额确定的流动负债，是指那些根据合同或法律规定到期必须偿付并有确定金额的流动负债；应付金额不确定的流动负债，是指那些要根据企业生产经营状况，到一定时期或具备一定条件才能确定的流动负债，或应付金额需要估计的流动负债。

2.按流动负债的形成情况分类

流动负债按形成的情况，可以分为自然性流动负债和人为性流动负债。其中，自然性流动负债，是指不需要正式人为安排，由于结算程序或有关法律法规的规定等原因而自然形成的流动负债；人为性流动负债是指根据企业对短期资金的需求情况，通过人为安排所形成的流动负债。

3.按是否支付利息分类

流动负债按是否支付利息，可以分为有息流动负债和无息流动负债。其中，有息流动负债，是指需要计算和偿还利息的流动负债；无息流动负债，是指只需要还本金，没有利息的流动负债。

二、营运资金的特点

营运资金是企业日常活动中存在的活跃度非常高的资产和负债。为了有效管理企业的营运资金，必须研究营运资金的特点，以便有针对性地进行管理。营运资金具有以下几个方面的特点：

（一）多样性

营运资金由流动资产和流动负债两部分构成，这种构成与营运资金的来源、方式与筹集长期资金的方式相比，更具有多样性。营运资金通常有库存现金、银行存款、其他货币资金、应收账款、应收票据、存货、短期借款、商业信用、应交利润、应付工资、预收货款、票据贴现等。

（二）波动性

营运资金的需求会随企业内外条件的变化而变化，有时候高，有时候低，波动性很大。在实务中，营运资金随着企业业务量的增减变动而变动，呈现出波动性，季节性企业如此，非季节性企业也是如此。业务量增加，营运资金随之增加；业务量减少，营运资金随之减少。

（三）短期性

营运资金由流动资产和流动负债两部分构成。流动资产的变现能力很强，占用的时间很短，流动负债在短期内需要偿还，期限很短。因此，营运资金呈现出短期性。在实务中，企业占用的流动资产，通常会在一年或一个营业周期内变现，影响时间比较短。

（四）变动性

营运资金包括库存现金、银行存款、其他货币资金、应收账款、应收票据、存货、短期借款、商业信用、应交利润、应付工资、预收货款、票据贴现等。随着企业业务的变化，企业营运资金的状态也随之发生改变，呈现出营运资金项目的变动性。在实务中，企业的营运资金形态是经常变化的，如在库存现金、银行存款、原材料、在产品、库存商品、应收账款和应收票据之间不断循环转化。

（五）易变性

营运资金在很大程度上取决于流动资产，流动资产的变现能力是非常强的，如库存现金、银行存款本来就可以随时用于支付，交易性金融资产、应收账款、应收票据很容易就可以变现，变成实际的货币，大部分存货具有较强的变现能力。当企业急需资金时，这些流动资产可以快速地变现，呈现出易变性。

三、营运资金的管理原则

企业的营运资金在全部资金中占有相当大的比重，而且周转期短，形态易变，是企业财务管理工作的一项重要内容。企业进行营运资金管理，应遵循以下原则：

（一）坚持风险、收益兼顾，保证合理的资金量

企业应认真分析生产经营状况，合理确定营运资金的需求数量。企业营运资金的需求数量与企业生产经营活动有直接关系。一般情况下，当企业产销两旺时，流动资产会不断增加，流动负债也会相应增加；而当企业产销量不断减少时，流动资产和流动负债也会相应减少。

（二）坚持高效运转，提高资金使用效率

加速资金周转是提高资金使用效率的主要手段之一。提高营运资金使用效率的关键就是采取得力措施，缩短营业周期，加速变现过程，加快营运资金周转。因此，企业要千方百计地加速存货、应收账款等流动资产的周转，以便用有限的资金，服务于更大的产业规模，为企业取得更好的经济效益提供条件。

（三）坚持成本、效益兼顾，节约资金成本

在营运资金管理中，必须正确处理保证生产经营需要和节约资金使用成本二者之间的关系。要在保证生产经营需要的前提下，遵守勤俭节约的原则，尽力降低资金使用成本。一方面，要挖掘资金潜力，盘活全部资金，精打细算地使用资金；另一方面，要积极拓展融资渠道，合理配置资源，筹措低成本资金，服务于生产经营。

（四）坚持资产流动性，保证企业的短期偿债能力

合理安排流动资产与流动负债的比例关系，保持流动资产结构与流动负债结构的适配性，保证企业有足够的短期偿债能力是营运资金管理的重要原则之一。流动资产、流动负债以及二者之间的关系能较好地反映企业的短期偿债能力。流动负债是在短期内需要偿还的债务，而流动资产则是在短期内可以转化为现金的资产。因此，如果一个企业的流动资产比较多，流动负债比较少，说明企业的短期偿债能力较强；反之，则说明短期偿债能力较弱。但如果企业的流动资产太多，流动负债太少，也不是正常现象，这可能是流动资产闲置或流动负债利用不足所导致的。

四、营运资金管理策略

在风险环境中，企业应当采用合理的手段评估营运资金的需求量和风险收益情况，强化对营运资金的管理，建立健全完善的营运资金管理体系。营运资金管理策略包括营运资金的投资策略和融资策略。一个合格的财务管理人员应当关注企业需要多少营运资金，思考如何为营运资金融资。

（一）流动资产的投资策略

企业在激烈的环境中生存和发展，所生产的产品或提供的劳务都通过市场转化为收入，同时结转相应的成本费用。但是，激烈的市场竞争，让企业在日常管理中面临着很多不确定性，存在着很多风险。因此，企业流动资产的投资策略十分重要，直接影响到企业营运资金的供给和使用。在实务中，企业面临的不确定性和承受风险的程度决定了其流动资产的投资水平。企业面临的不确定性越多，流动资产储备越多；反之，流动资产储备越少。

企业应当选择与业务量和管理政策相适应的流动资产投资策略。流动资产的投资策略包括紧缩型的流动资产投资策略和宽松型的流动资产投资策略。

1.紧缩型的流动资产投资策略

紧缩型的流动资产投资策略，是指企业保持较低水平的流动资产与销售收入比率，即企业储备较少的流动资产来应对较高的业务收入。

紧缩型的流动资产投资策略因为用较少的流动资产储备来应对较高的业务收入需求，在管理上存在漏洞或外界环境发生剧烈变动的时候，面临很高的风险，这些风险源于收紧信用政策、存货管理政策、应付账款未能及时偿还导致延期。当然，紧缩型的流动资产投资策略也可能会给企业带来高额的收益。

2.宽松型的流动资产投资策略

宽松型的流动资产投资策略，是指企业保持高水平的流动资产与销售收入比率，即企业储备较多的流动资产来应对业务收入。宽松型的流动资产投资策略，通常体现为企业将保持较多的现金、较多的应收账款和较多的存货，用以满足客户的需求。宽松型的流动资产投资策略，占用了大量的流动资产，可能导致投资收益率较低；但是，由于较高的流动资产储备，企业的风险较低。

（二）流动资产的融资策略

企业在激烈的市场竞争中发展，由于销售面临着不确定性，对流动资产的需求量也存在不确定性。在实务中，流动资产的需求量一般会随着产品销售的变化而变化，当销售额增加时，流动资产的需求会增加；当销售额下降时，流动资产的需求会减少。在企业经营稳定的情况下，流动资产的需求是相对稳定的，属于刚性需求，这部分流动资产称为永久性流动资产；当销售额发生季节性变化时，流动资产将会在永久性流动资产水平的基础上增加或减少，这部分流动资产称为波动性流动资产。因此，流动资产可以分为永久性流动资产和波动性流动资产。

流动资产需求发生变化时，企业应当采用合理的融资策略进行融资，满足流动资产的需求。流动资产融资策略包括匹配型融资策略、保守型融资策略、激进型融资策略。

1.匹配型融资策略

匹配型融资策略，是指企业在融资过程中，永久性流动资产和固定资产的需求以长期融资方式满足，波动性流动资产的需求用短期融资方式满足。在匹配型融资策略下，企业的融资数量反映了当期波动性流动资产的需求数量。当波动性资产扩张时，信贷额度也跟着增加，满足企业扩张的需求；当波动性资产收缩时，企业投资将会释放出资金，这些资金将会用于弥补信贷额度的下降。

2.保守型融资策略

保守型融资策略，是指企业在融资中，固定资产、永久性流动资产和部分波动性流动资产的需求通过长期融资方式来满足，部分波动性流动资产的需求通过短期融资方式来满足。在保守型融资策略下，企业通常使用长期融资方式来满足大部分资产的需求，融资成本较高，但融资风险较低。

3.激进型融资策略

激进型融资策略，是指企业所有的固定资产和一部分永久性流动资产的需求通过长期融资方式来满足，一部分永久性流动资产和所有波动性流动资产的需求通过短期融资方式来满足。在激进型融资策略下，企业通常大量使用短期融资方式，融资成本较低，但融资风险较高。

第二节　现金管理

货币资金，是指企业拥有的在生产经营过程中处于货币形态，可随时使用的那部分资金，包括库存现金、银行存款和其他货币资金。现金实质上就是货币资金。在货币资金中，现金是变现能力最强的资产，可以满足企业生产经营开支的各种需要，也是还本付息和履行纳税义务的重要保证，拥有足够的库存现金，对于降低企业的风险、增加企业资产的流动性和债务的可清偿性有重要的意义。但是，现金属于非营利性资产，持有量过多，会导致企业的收益水平降低。因此，企业必须合理确定现金的持有量，使现金的收支不但在数量上，而且在时间上相互衔接，在保证企业经营活动所需现金的同时，尽量减少企业的现金数量，提高资金收益率。

一、现金持有的目的

企业持有一定数额的现金，是为了满足其生存和发展的需要，保障企业稳定。企业持有一定数额的现金主要是为了满足日常活动的交易性需要、预防性需要和投机性需要。

（一）交易性需要

企业持有一定数额的现金，首先是为了满足日常经营活动的交易需要。企业为了组织生产经营活动，必须持有一定数额的现金，用于购买原材料，支付员工工资，缴纳税款，支付到期债务，分发现金股利等。企业经常取得收入，也经常发生支出，两者不可能同步同量，因此持有一定的现金余额可在企业支出大于现金收入时，不会导致业务中断交易，确保业务活动能够正常进行下去。

（二）预防性需要

企业持有一定数额的现金，除了满足正常的交易性需要外，还可以在企业遇到不利的环境下用于维持日常经营活动。市场行情的瞬息万变和各种不确定因素的存在，使企业难以对未来现金流入量与流出量做出准确的估计和预测，一旦企业对未来现金流量的预期与实际情况发生偏离，必然会对企业的正常经营秩序产生极为不利的影响。因此，在正常业务需要量的基础上，追加一定数量的现金余额以应对未来现金流入和流出的随机波动，是在确定必要现金持有量时应当考虑的因素。

（三）投机性需要

企业持有一定数额的现金，除了满足交易性需要和预防性需要以外，还可以用于不寻常的购买机会，如当原材料或其他资产即将涨价时，可用留存现金大量购入，降低存货整体成本；利用证券市场价大幅度跌落购入有价证券，以期在价格反弹时卖出证券获取高额资本利得等。其持有量的大小往往与企业在金融市场的投资机会及企业对待风险的态度有关。

二、现金持有的成本

企业持有一定数额的现金，可以满足企业的交易性需要、预防性需要和投机性需要，从而给企业带来一定的经济利益。然而，持有一定数额的现金，同样会发生一定的成本，主要包括机会成本、管理成本、短缺成本和转化成本。

（一）机会成本

机会成本，是指企业执行某一方案而放弃其他方案所损失的最大收益。企业持有一定数额的现金，就意味着失去了将现金投入其他方面从而获得投资收益的机会，这种有可能获得的投资收益就是持有现金的机会成本。机会成本与现金持有量的多少成正比关系。

（二）管理成本

企业持有一定数额的现金，会产生一定的管理费用。如聘请专业财务人员进行管理，会产生人员薪酬；腾出固定的地方给财务人员办公，会产生租金和其他相关费用。在实务中，不管现金持有量有多少，在一定的范围内所引起的管理成本是不变的。因此，管理成本在一定的范围内不会随着现金持有量的变化而变化，是一项相对固定的成本项目。

（三）短缺成本

企业持有一定数额的现金，是为了保障企业的需要，然而，由于外部环境的急剧变化，企业持有的现金不够，导致企业面临损失。现金缺口越大，损失越大，短缺成本就越大；现金缺口越小，损失越小，短缺成本就越小。因此，现金的短缺成本随着持有量的增加而降低，随着持有量的减少而上升，短缺成本与现金持有量成反比的关系。

（四）转化成本

转化成本，是指企业用现金购买或出售持有的有价证券所付出的交易费用，如委托买卖佣金、委托手续费、证券过户费等。一般而言，转换成本与转换次数有关，持有现金余额越多，转换次数越少，它所负担的转换成本越低。

三、最佳现金持有量的确定

企业持有一定数额的现金，可以满足企业的交易性需要、预防性需要和投机性需要；企业持有一定数额的现金，会发生机会成本、管理成本、短缺成本和转化成本。因此，企业应当根据自身的实际情况并结合外部的经营环境，合理地确定现金持有量，寻找最佳现金持有量的临界点，谋求最大的经济利益。

（一）现金周转模式

现金周转模式是一种确定最佳现金持有量的计算方式，可以全面地描述现金周转的过程，为准确地计算现金周转期提供了有效的依据。

现金周转模式是以现金周转期来确定最佳现金持有量的模式。它是现金从投入生产经营到最终再转化为现金的一个全过程。

其计算公式为：

现金周转期=存货周转期+应收账款周转期-应付账款周转期

现金周转率=360÷现金周转期

最佳现金持有量=年现金总需求量÷现金周转率

（二）存货模式

现金持有量的存货模式又称鲍莫模型。现金的管理与存货的管理是一致的，所以借用了存货的经济批量模型来确定企业最佳现金持有量。存货模式将现金视为一项特殊的存货，假定企业的现金流入和流出稳定并且可以预测，在需要现金时可以通过出售有价证券迅速变现取得。存货模式中与持有现金有关的成本有机会成本、转化成本、管理成本和短缺成本。

（三）成本分析模式

企业持有现金，存在着一定的成本。成本分析模式是根据持有现金所存在的成本，分析预测总成本最低时现金持有量的一种方法。运用成本分析模式确定最佳现金持有量时，只考虑因持有一定数额的现金而产生的机会成本、管理成本和短缺成本，不考虑转化成本。在成本分析模式下，最佳现金持有量，就是持有现金而产生的机会成本与短缺成本之和最小时的现金持有量。在成本分析模式下，应分析机会成本、管理成本、短缺成本。

（四）随机模型（米勒-奥尔模型）

企业在不同的环境中生存和发展，对现金的持有量是不确定的，现金的流入和现金的流出都有很大的随机性。由于现金流量波动是随机的，只能对现金持有量确定一个控制区域，定出上限和下限。当企业现金余额在上限和下限之间波动时，则将部分现金转换为有价证券；当现金余额下降到下限时，则卖出部分证券。

运用随机模型求最佳现金持有量符合随机思想，即企业现金支出是随机的，收入是无法预知的，所以，适用于所有企业对最佳现金持有量的测算。另外，随机模型建立在对企业的现金未来需求总量和收支不可预测的前提下，因此计算出来的最佳现金持有量比较保守。

四、现金收支的日常管理

企业持有一定数量的现金，会承担一定的成本，影响企业的获利能力。因此，尽可能地减少现金闲置，加快现金的周转速度，提高现金的使用效率，对促进企业发展有至关重要的作用。在实务中，企业提高现金使用效率的方法主要包括加速现金回收、延缓现金支付和争取现金流出与流入同步。

（一）加速现金回收

在企业的经营活动中，会存在一定的赊销行为，形成应收款项，应收款项可以在一定程度上扩大销售规模，增加销售收入。但是，应收款项的存在是以占用现金为代价换来的，赊销业务越多、应收款项越多，占用的现金就越多，对应的现金成本就会增加。因此，企业应当制定完善的现金管理方案，在不影响未来销售的情况下，提高现金的使用效率，加速现金周转，尽可能地加快现金的收回。在实务中，现金折扣在经济可行的情况下，应尽量采用，以加速账款的收回。企业加速收款的任务不仅是要尽量使顾客早付款，而且要尽快地使这项付款转为可用现金。

（二）延缓现金支付

提高现金使用效率的手段一个是加速现金回收，另一个是延缓现金支付。延缓现金支付的方式包括以下几种：

1.使用现金浮游量

现金浮游量，是指由于企业提高收款效率和延长付款时间所产生的企业账户上的现金余额和银行账户上的企业存款余额之间的差额。充分利用现金浮游量，可以在一定程度上解决资金的问题，实现短时间的现金周转。

2.推迟应付款项支付

推迟应付款项支付，是指企业在不影响信誉的情况下，充分运用供货方所提供的信用优惠条件，尽可能地推迟应付款项的支付时间。推迟应付款项支付的前提是不影响企业的信誉，在和供应商正常的业务合作基础上，利用供应商确定的付款期限，尽可能地推迟应付款项支付。

3.汇票代替支票

汇票按承兑人不同分为商业承兑汇票和银行承兑汇票,汇票的付款期最长为6个月,因此,可以使用汇票替代支票,实现延缓付款的作用。采用汇票替代支票的方式,企业就只需在银行中保持较少的现金余额。它的缺点是某些供应商可能并不喜欢用汇票付款,银行也不喜欢处理汇票,它们通常需要耗费更多的人力。

4.改进工资薪酬的支付模式

企业在支付工资薪酬时,可以尽量地延缓现金支付的时间,如本月工资在下月中旬前支付。另外,企业可以设立一个工资账户,通过银行向职工支付工资。为了最大限度地减少工资账户的存款余额,企业要合理预测开出支付工资的支票到职工去银行兑现的具体时间。

5.透支额度

企业可以向银行申请信用卡,在适度的范围内透支,减少现金的流出。在有信用卡的情况下,企业开出支票的金额可以大于活期存款余额。它实际上是银行向企业提供的信用。透支的限额,由银行和企业签订合同,根据合同执行。

(三)争取现金流出与流入同步

企业在日常经营活动中,尽量使现金流出与流入同步,即当有现金流入的时候再安排现金支付,没有现金流入的时候,不安排现金支付。企业可以降低交易性现金余额,同时可以减少有价证券转换为现金的次数,提高现金的利用效率,节约转化成本。

在实务中,企业若能有效控制现金支出,同样可带来大量的现金结余。控制现金支出的目标是在不损害企业信誉的条件下,尽可能地推迟现金的支出。

第三节　应收账款管理

　　应收账款，是指企业对外销售产品、商品，提供劳务等应向购货单位或接受劳务的单位收取的债权。应收账款与企业赊销商品或劳务有密切关系。企业可以通过提供商业信用，采取赊销、分期付款等方式扩大销售额度，增强市场竞争力，获得更多的利润。应收账款作为企业为扩大销售和盈利的一项信用投资，也会发生一定的成本。因此，企业需要在应收账款所增加的盈利和所增加的成本之间做出权衡，即权衡风险与收益。应收账款管理就是在赊销的情况下分析赊销的条件，使赊销带来的经济利益大于应收账款投资产生的成本，最终使企业收入增加，促进企业价值上升。

一、应收账款的功能

　　企业执行赊销政策、采用应收账款的目标是扩大企业的销售额度，增加企业的利润，同时也可以减少企业存货的压力。因此，应收账款主要有扩大销售和减少存货两个方面的功能。

（一）扩大销售

　　企业的销售模式要么是现销，要么是赊销。现销就是企业在销售产品或提供劳务的过程中一手交钱一手交货，现金流入与货物流出同步。现销是一种较为理想的销售方式，可以及时地回笼资金。然而，在激烈的市场竞争中，现销会把一部分资金紧张、不能及时付款的客户拒之门外，影响企业的销售额。因此，通过提供赊销可以吸引一部分不能及时付款的客户，有效地扩大销售范围，增加销售额。因为企业提供赊销不仅向顾客提供了商品，也在一定时间内向顾客提供了购买该商品的资金，顾客将从赊销中得到好处，所以赊销会带来企业销售收入和利润的增加。

（二）减少存货

　　企业执行赊销政策，另一个方面的目的是减少企业的存货。存货会占用一定的现金和发生一定的机会成本，同时也会发生存货过期或者与市场不适应的情况，增加企业的风险。企业执行赊销政策，一方面会扩大销售额，另一方面可以减少存货，降低库存压力。因此，应收账款的增加意味着存货的减少，增加销售可以减少存货在企业仓库停留的时间和停留的数量，不仅能减少存货的管理成本、储存成本和保险成本，还能降低存货资金放置的时间，加速存货周转速度。因此，企业在存货较多的情况下，可通过赊销的方式，增加销售数量，减少存货停留在企业的各项支出。

二、应收账款的成本

企业持有应收账款，一方面可以增加收入，另一方面会发生一定的成本。应收账款的成本主要有机会成本、管理成本、坏账成本。

（一）机会成本

应收账款的机会成本，是指企业执行赊销政策导致资金投放在应收账款上而丧失投放到其他领域的最大收益。

应收账款的机会成本取决于两个因素：一个是维持赊销业务所需的资金，另一个是资金成本率。

（二）管理成本

应收账款的管理成本，是指在企业进行应收账款管理时所增加的额外费用。应收账款的管理成本主要包括：调查顾客信用状况的费用、收集各种信息的费用、账簿的记录费用、收账费用等。其中主要考虑收账费用，赊销额越大，应收账款越多，收账费用越高。

（三）坏账成本

应收账款的坏账成本，是指在赊销期间，由于各方面原因的影响，导致应收账款无法收回而发生的损失。企业执行赊销政策，实际上是给予客户一定的信用，然而，有些客户由于自身的原因无法偿还欠款，会给企业带来损失。在实务中，赊销期越长，发生坏账的可能性就越大；赊销数量越大，应收账款越多，坏账成本越高。

三、应收账款政策的制定

应收账款政策，是指企业对应收账款投资进行规划与控制而确立的基本原则与行为规范，主要包括信用标准、信用条件和收账政策三部分。应收账款政策是企业财务政策的一个重要组成部分。制定合理的信用政策，是加强应收账款管理、提高应收账款投资收益的重要前提。

（一）信用标准

信用标准，是指客户获得企业提供的商业信用所应具备的基本要求，即客户达到什么条件，才给予多少额度的赊销额。在实务中，如果企业执行的信用标准过于严格，可能会降低对符合可接受信用风险标准客户的赊销额度，会限制企业的销售机会；如果企业执行的信用标准过于宽松，可能会对不符合可接受信用风险标准的客户提供赊销，会增加随后还款的风险并增加坏账成本。为了进一步理解信用标准对销售的影响及信用标准的制定，下面做进一步分析。

企业信用标准的制定主要是对赊销所带来的收益与随之产生的风险和成本进行权衡，其前提就是赊销带来的收益要大于赊销所引起的一切成本。但由于企业处于市场经济的大环境下，影响企业制定信用标准的内、外因素都有，因此必须进行综合分析。

1.外部因素

外部因素主要是考虑同行的竞争对手。应对竞争对手，首先要知己知彼，制定有利于企业扩大市场份额、增加销售的标准。外部因素的影响，除了考虑竞争对手这个因素以外，还要考虑国家宏观经济政策、生产发展前景和季节变化的影响等。

2.内部因素

内部因素主要是考虑企业承受风险的能力。如果企业承受风险的能力较强，就可以用宽松的信用标准去吸引客户，增加销售；反之，如果企业承受风险的能力较差，就制定较严格的信用政策，尽可能减少违约风险带来的损失。

3.客户因素

客户的资信度对企业制定信用标准具有很大的影响，因此必须对客户进行资信调查，在此基础上进行分析，判断客户的信用等级，并决定给予客户什么样的信用标准。

判断客户资信情况的方法有很多：

（1）品质

品质，是指个人申请人或企业申请人的诚实和正直表现。品质反映了个人或企业在过去的还款中所体现的还款意图和愿望。

（2）能力

能力，是指反映企业或个人在其债务到期时可以用于偿债的当前和未来的财务资源。可以使用流动比率和现金流预测等方法评价申请人的还款能力。

（3）资本

资本，是指如果企业或个人当前的现金流不足以还债，其在短期和长期内可供使用的财务资源。

（4）抵押品

抵押品，是指当企业或个人不能满足还款条款时，可以用作债务担保的资产或其他担保物。

（5）条件

条件，是指影响顾客还款能力和还款意愿的经济环境，对申请人的这些条件进行评价以决定是否给其提供信用。

上述 5 个方面的资料，可通过以往与客户交往的经验来获得，也可以求助于提供信用服务的外部机构。

（二）信用条件

信用条件，就是指企业接受客户信用订单时所提出的付款要求，主要包括信用期限、折扣期限和现金折扣等。信用条件是企业评价客户等级，决定给予或拒绝客户信用额度的依据。一旦企业决定给予客户信用优惠时，就需要考虑具体的信用条件。

1.信用期限

信用期限，是指企业允许客户从购货到支付货款的时间间隔。企业产品的销售量与信用期限之间存在着一定的依存关系。通常，延长信用期限，可以在一定程度上扩大销售量，从而增加毛利，但不适当地延长信用期限，会给企业带来不良后果：一是使平均收账期延长，占用在应收账款上的资金相应增加，引起机会成本增加；二是引起坏账损失和收账费用的增加。因此，企业是否给客户延长信用期限，应视延长信用期限增加的边际收入是否大于由此而增加的边际成本而定。

2.折扣期限和现金折扣

延长信用期限会增加应收账款占用的时间和金额。许多企业为了加速资金周转，及时收回货款，减少坏账损失，往往在延长信用期限的同时，采用一定的优惠措施，在规定的时间内提前清偿货款的客户可按销售收入的一定比率享受折扣。现金折扣实际上是对现金收入的扣减，企业决定是否提供以及提供多大程度的现金折扣，应着重考虑提供折扣后所得的收益是否大于现金折扣的成本。

3.信用条件备选方案的评价

虽然企业在信用管理政策中，已对可接受的信用风险水平做了规定，但当企业的生产经营环境发生变化时，就需要对信用管理政策中的某些规定进行修改和调整，并对改变条件的各种备选方案进行认真的评价。

（三）收账政策

收账政策，是指客户违反信用条件时企业采取的收账措施。企业采取积极的收账政策，可以减少应收账款和坏账损失，但会使收账成本增加；企业采取消极的收账政策，会增加应收账款和坏账损失，但会使收账成本降低。

在实务中，应收账款大部分都能按时收回，但也有难以收回的账款。应收账款无法收回的原因有很多，有的是信用条件不错的企业出现暂时性财务困难，一时难以偿付；有的是故意拖欠，无偿占用资金等。企业在制定收账政策时，要区分不同的原因，有针对性地制定有效的收账方法，才能达到事半功倍的效果。

企业对于拖欠的应收账款，无论采用何种收账方式，都会付出一定的代价，即收账费用，如收账所花费的邮电通信费、派专人收账的差旅费和法律诉讼费等。通常只要应收账款超过了规定期限还未收到，企业就应该采取各种方式进行催收。企业制定的收账政策过于宽松，会导致逾期未付款的客户拖延期限，对企业不利；收账政策过严，有可能会伤害无意拖欠的客户，影响未来的销售和利润。因此，企业在制定收账政策时，应权衡利弊，具体客户具体对待。

一般来说，收账费用支出越多，坏账损失越少。企业开始花费一些收账费用，应收账款和坏账损失有小部分的降低；随着收账费用的继续增加，应收账款和坏账损失明显减少；收账费用达到某一限度以后，应收账款和坏账损失减少就不那么明显了，这个限度称为饱和点。制定收账政策就是要在增加收账费用与减少坏账损失之间进行权衡，若收账费用的增加幅度小于坏账损失的降低幅度，则制定收账方案是可取的。

在实务中，影响企业信用条件和收账政策的因素很多，如销售规模、赊销期限、现金和折扣比例、坏账损失的高低、信用建设和收集的成本、机会成本等。因此，企业在制定应收账款管理政策时，既要进行定量分析，又要进行定性分析，将各方面的因素综合考虑，使制定的应收账款管理政策实现收益最大。

四、应收账款的分析方法

实施信用政策时，企业应当监督和控制每一笔应收账款和应收账款总额。如可以运用应收账款周转天数衡量企业需要多长时间收回应收账款，可以通过账龄分析表追踪每一笔应收账款，可以采用 ABC 分析法来确定重点监控的对象等。

（一）应收账款周转天数

应收账款周转天数或平均收账期是衡量应收账款管理状况是否良好的一种方法。应收账款周转天数的计算方法为：将期末在外的应收账款除以该期间的平均日赊销额。应收账款周转天数提供了一个简单的指标，将企业当前的应收账款周转天数与规定的信用期限、历史趋势以及行业正常水平进行比较，可以反映企业整体的收账效率。然而，应收账款周转天数可能会被销售量的变动趋势和销售的剧烈波动以及季节性销售所破坏。

（二）账龄分析表

账龄分析表是将企业的应收账款划分为未到信用期的应收账款和以 30 天为间隔的逾期应收账款，这是衡量应收账款管理状况是否良好的一种方法。在实务中，企业既可以对应收账款总额进行账龄分析，也可以对顾客进行账龄分析。账龄分析法可以确定逾期应收账款，随着逾期的时间越长，应收账款收回的可能性越小。

账龄分析表法比应收账款周转天数法更能揭示应收账款的变化趋势，因为账龄分析表法给出了应收账款分布的模式，而不仅仅是一个平均数。应收账款周转天数有可能与信用期限相一致，但是有一些账户可能拖欠很严重，因此，应收账款周转天数法不能明确地表现出账款拖欠情况。当各个月之间的销售额变化很大时，账龄分析表法和应收账款周转天数法都可能发出类似的错误信号。

（三）ABC 分析法

ABC 分析法又称重点管理法，是现代经济管理中广泛应用的一种"抓重点、照顾一般"的管理方法。它是将企业的所有欠款客户按其金额的多少进行分类排队，然后分别采用不同的收账策略的一种方法。它一方面能加快应收账款的收回，另一方面能将收账费用与预期收益联系起来。

五、应收账款的日常管理

企业建立信用政策标准后，还应当加强对应收账款的日常管理工作，对客户进行必要的信用调查和信用评价，以确定是否同意客户赊欠货款。

（一）企业的信用调查

信用调查，是指企业收集和整理反映客户信用状况的有关资料的工作。信用调查是企业应收账款日常管理的基础，是正确评价客户信用状况的前提。企业对顾客进行信用调查的方法主要有直接调查法和间接调查法。

1.直接调查法

直接调查法，是指企业调查人员通过与客户进行直接接触，通过当面采访、询问、观看等方式获取客户信用资料的一种方法。直接调查法可以保证收集资料的准确性和及时性，但是如果不能得到客户的合作，则调查工作很难开展。

2.间接调查法

间接调查法，是指以客户以及其他单位保存的有关原始记录和核算资料为基础，通过加工整理获得客户信用资料的一种方法。主要包括以下几个方面：

（1）客户的财务报表

通过财务报表分析，可以基本掌握一个企业的财务状况和信用状况。

（2）信用评估机构

专门的信用评估部门评估方法先进，评估调查细致，评估程序合理，所以可信度较高。在信用评估等级方面，主要有两种：一种是采用 3 类 9 级制（AAA，AA，A，BBB，BB，B，CCC，CC，C）；另一种是采用三级制（AAA，AA，A）。

（3）银行

银行是信用资料的一个重要来源，许多银行都设有信用部，可以通过向当地的开户银行征询来获得被调查单位的有关信用资料。

（4）其他途径

如财税部门、工商管理部门、消费者协会等机构都可能提供相关的信用状况资料。

（二）企业的信用评估

企业对客户的信用资料进行收集以后，需要对这些信用资料进行分析、评价。企业一般采用 5C 评估法和信用评分法。

1.5C 评估法

5C 评估法是重点分析影响客户信用的品德、能力、资本、抵押品和条件 5 个方面的一种评估方法。

2.信用评分法

信用评分法是对一系列财务比率和信用情况指标进行评价而后进行加权平均，得出顾客的综合信用分数，并以此进行信用评估的一种方法。

（三）收账的日常管理

收账是企业应收账款管理的一项重要工作。收账管理应包括如下两部分内容：

1.确定合理的收账程序

催收账款的一般程序是：信函催收、电话通知、派员面谈和采取法律行动。当顾客拖欠账款时，要有礼貌地用信件通知，接着可以寄出一封措辞直率的信件，进一步可以进行电话催收；如再无效，企业收账员可直接与客户面谈，协商解决；如果谈判不成，可以交给企业的律师采取法律行动。

2.确定合理的讨债方法

顾客拖欠货款的原因有很多，但概括起来，可以分为无力偿付和故意拖欠两种。因此，应根据具体情况，确定合理的处理方法。对于无力偿付的情况，企业要进行具体分析。如果确定顾客只是遇到暂时的困难，经过努力可以东山再起，企业应帮助顾客渡过难关，这样才能收回更多账款；如果顾客遇到严重的困难，已经达到破产界限，无法再恢复活力，则应及时向法院起诉，以期在破产清算时得到债权的部分清偿。

第四节　存货管理

一、存货的概念

存货，是指企业在日常经营活动中持有以备出售的产品、商品，在生产过程中的在产品以及在生产过程或提供劳务过程中耗用的材料物料等。存货主要包括原材料、燃料动力、包装物、低值易耗品、在产品、半成品、产成品和商品等。存货管理水平的高低直接影响企业的生产经营活动，并最终影响企业的收益与风险。因此，加强企业存货管理是保障企业生产经营活动正常开展的必要条件。

（一）存货按储存目的不同分类

存货按储存目的不同，可以分为销售存货、生产存货和其他存货。其中，销售存货，是指企业在日常活动中处于销售过程中或处于待销售过程中的商品或产成品；生产存货，是指企业在日常活动中用于生产和销售耗用的原材料、燃料动力、外购零部件及正处于生产加工过程中的在产品等；其他存货，是指企业供近期使用的库存使用用品、运输用品等。

（二）存货按存放地点分类

存货按存放地点不同，可以划分为库存存货、在途存货和委托加工存货。其中，库存存货，是指已经运达企业，并已验收入库的各类材料和商品，以及已验收入库的自制半成品和产成品；在途存货，是指货款已经支付，尚未验收入库，正在验收入库的各种材料和产品；委托加工存货，是指委托单位加工的各种材料和半成品。

二、存货的功能与成本

企业在日常经营活动中持有一定数量的存货，会产生一定的成本费用。企业持有存货是为了满足生产经营活动的需要。对存货进行管理的目的是控制存货水平，在充分发挥存货功能的基础上，减少存货的数量，降低存货成本。

（一）存货的功能

1.满足生产经营的需要

企业在日常活动中开展经营业务，需要一定数量的存货来满足生产经营周转。对于连续生产的企业来说，在供应、生产和销售环节中都需要存货。由于信息不对称，企业很难保证在需要的时候就有足够的存货储备，在数量上和时间上保持绝对的平衡。在实务中，如果没有一定数量的存货储备，一旦某个环节出现问题，就会影响到企业的正常生产和销售。如材料供应商没有及时发货，运输途中出现了意外事故，所供货物数量、质量与需求不符等，任何方面出现异常现象，企业便要停工停料。因此，有了必要的存货储备，就有了应对意外情况的保障，可以避免停工待料，保证生产的连续进行。

2.降低成本，保障销售

企业在存货的管理中，如果大批量地购进原料、燃料动力等，既可以获得一定的价格优惠，又可以减少采购次数，降低采购管理费，提高利润。在实务中，在企业的仓储能力范围内，批量购进材料、燃料动力等，既可以获得采购价格的优惠，又可以避免价格波动给企业带来的影响。批量存储，有利于存货的管理，降低存货管理费用，实现存货效益增加。另外，一定数量的存货储备，有利于保障企业的正常销售，避免缺货带来的销售中断而给企业带来损失。

3.抓住投机机会，获得非常规收益

企业持有一定数量的存货储备，当市场上的产品价格变化不定时，就会出现利用价格涨落进行投机的机会。如在原材料方面，一次偶然的大减价，或季节性的临时跌价，会使企业在购货时获得价差收益；当预计原材料价格会大幅度上涨时，企业提前购置这些材料，可以获得价差收益。在产品方面，某些产品的最终产品可能会有若干变化，当收到一个特殊的订单以后，可按其要求将所储存的半成品加工成成品，从而获得非常规收益。

（二）存货持有成本

企业持有一定数量的存货，必然会发生相关的成本费用，主要包括存货的取得成本、储存成本和缺货成本。

1.取得成本

取得成本，是指企业为取得某种存货而发生相关支出的总和，通常又分为订货成本和采购成本。

（1）订货成本

订货成本，是指为订购货物而发生的费用，如办公费、差旅费、邮资、电报电话费、运输费等。订货成本中有一部分与订货次数无关，如常设采购机构的基本开支等，称为固定订货成本；另一部分与订货次数有关，如差旅费、邮资等，称为订货变动成本。因此，企业为降低订货成本，就需要加大批量，减少订货次数。

（2）采购成本

采购成本，是指由货物的采购费用和运杂费用构成的成本，采购成本随采购数量的增加而增加，它们之间成正比关系，因此企业采购货物时不但要考虑采购数量，而且要权衡价格；对于相同质量、相同价格的货物，还应比较运输距离的远近，以使采购成本最低。

2.储存成本

储存成本，是指企业为保存存货而发生的相关成本费用，包括存货占用资金所计算的利息、仓库费用、保险费用、存货破损和变质损失等。储存成本也可以分为固定成本和变动成本两种。储存成本的固定成本是指存货存放在仓库的固定性开支，如折旧费、仓库维修费和库房管理人员费用支出等，这部分支出与存货的多少没有太大的关系；储存成本的变动成本与储存数量有直接关系，如保险费、占用资金的利息等。

3.缺货成本

缺货成本，是指企业由于存货储备不足引起供应中断，从而给企业的生产和销售带来的损失。如因材料供应中断造成的停工损失、产成品库存缺货造成的延迟发货损失和错过销售机会的损失及造成企业的商誉损失等。因此，企业必须储备一定数量的存货，以满足生产经营的需要。然而，存货的储备也不能太多，否则，追加的存货储备成本会抵消短缺成本所获取的利益。

三、存货的管理方法

存货的管理方法，是指企业对存货进行管理所采用的方法。随着业务流程重组的兴起、电脑的更新换代、互联网+模式的发展以及人工智能的发展，库存管理系统也得到了很大的发展。从物料资源规划发展到制造资源规划，再到企业资源规划，以及后来的柔性制造和供应链管理，甚至是外包等管理方法的快速发展，都大大促进了企业库存管理方法的发展。这些新的生产方式把信息技术与管理融为一体，提高了企业的整体运作效率。常用的方法有 ABC 分类法和适时库存控制系统。

（一）ABC 分类法

1.ABC 分类法的定义

ABC 分类法就是按一定的标准把企业存货划分为 A、B、C 三类，按照重要的程度进行分类管理的方法。企业存货品种繁多，尤其是大中型企业存货更是多达几千甚至上万种。不同的存货对企业财务目标的实现有不同的作用。有的存货品种数量少，但金额巨大，如果管理不善，将给企业造成极大的损失；有的存货虽然品种数量繁多，但金额很小，即使管理中出现一些问题，也不至于对企业产生较大的影响。因此，企业不可能也没有必要对所有存货都严加管理。ABC 分类法就是基于这一考虑提出的一种方法，其目的在于使企业分清主次，突出重点，以提高存货管理的整体效果。

2.ABC 分类法的一般程序

一是计算各类存货在一定时期内的资金占用额度；二是计算各类存货的资金占用额占全部存货资金占用额的比重，并按大小顺序排列；三是根据事先确定的标准将全部存货划分为 A、B、C 三类。

（二）适时库存控制系统

适时库存控制系统又称零库存管理系统，是指企业事先与供应商和客户协调好，供应商在规定的时间内供货，客户在规定的时间内运走商品，企业不保留存货的管理系统。在适时库存控制系统下，只有当企业在生产过程中需要原材料时，供应商才会将原材料按规定的时间和数量送来；当产品生产完工验收合格后，就全部被客户运走，企业不留任何存货。在适时库存控制系统下，企业的库存持有水平就会大幅度下降。但是，适时库存控制系统需要稳定标准的生产程序以及供应商、客户的诚信，否则，只要其中一个环节出现差错，就会导致整个生产线中断。

四、存货经济进货批量模型

经济进货批量，是指能够使企业在一定时期内存货的相关总成本达到最低点的进货量。根据对存货成本的分析可知，决定存货经济进货批量的成本因素主要包括变动性进货费用、变动性储存成本和缺货成本。在成本项目中，不同的成本项目与进货批量存在不同的变动关系，如减少进货批量，就会增加进货次数，导致进货费用与缺货成本的提高；相反，增加进货批量，就会减少进货次数，有利于降低进货费用和缺货成本。因此，如何处理好各项成本之间的关系，使其总和保持最低水平，是企业存货管理应当解决的首要问题。

（一）经济进货批量的基本模型

1.经济进货批量的基本模型有严格的假设条件

具体包括以下几个方面：一是企业一定时期的进货总量可以较为准确地予以预测；二是存货的耗用或者销售比较均衡；三是存货的价格稳定，且不存在数量折扣，进货日期完全由企业自行决定，并且每当存货量降为零时，下一批存货马上就到；四是仓储条件及所需现金不受限制；五是不允许出现缺货情形；六是所需存货市场供应充足，不会因买不到所需存货而影响其他方面。

2.存货相关总成本

在经济进货批量模型下，企业不允许缺货，每当存货下降至零时，下一批订货就会到达企业，不存在缺货成本。因此，存货相关总成本只有进货费用和储存成本两项。

（二）经济进货批量的扩展模型

在实务中，为了鼓励客户购买更多的材料商品，销售企业通常会给客户不同程度的价格优惠，即商业折扣。客户购买得越多，所获得的价格优惠就越大。此时，进货企业对经济进货批量的确定，除了考虑进货费用与储存成本以外，还应考虑存货的进价，此时的存货进价成本已经与进货数量有了直接的联系，属于决策的相关成本。在经济进货批量基本模型的其他各种假设均具备的条件下，存在数量折扣时的存货相关总成本计算公式为：

$$存货相关总成本=存货进价+变动性储存成本+变动性进货费用$$

$$TC=P\times A+Q\div 2\times C+A\div Q\times B$$

能够使相关总成本最低的进货批量就是实现数量折扣条件下的经济进货批量。实行商业折扣的经济进货批量的确定步骤如下：

第一，按照基本经济进货批量模型确定经济进货批量；

第二，计算按经济进货批量进货时的存货相关总成本；

第三，计算按给予数量折扣的进货批量进货时的存货相关总成本；

第四，比较不同进货批量的存货相关总成本，最低存货相关总成本对应的进货批量，就是实现数量折扣的最佳经济进货批量。

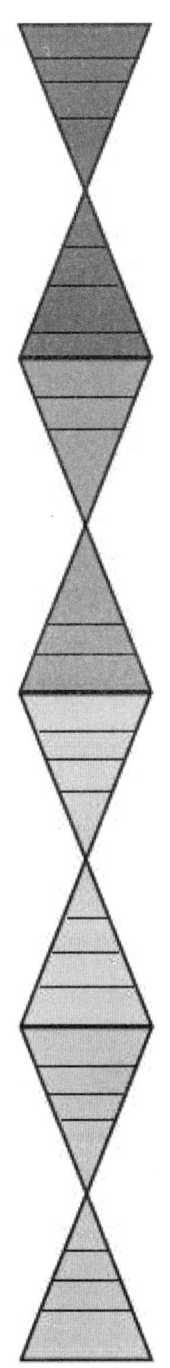

第六章

长期筹资管理

第六章　长期筹资管理

了解筹资管理的意义、分类和原则以及资本结构理论；理解直接投资、普通股筹资、利用留存收益筹资、长期借款、长期债券、融资租赁、认股权证筹资、可转换债券筹资等主要筹资方式的概念、程序和优缺点；掌握资金需求量预测方法、债券发行价格的确定、融资租赁租金的计算；公司资本成本和项目资本成本的计算；掌握经营杠杆、财务杠杆、总杠杆效应的衡量及其与经营风险、财务风险、总风险的关系及最优资本结构的优化方法。

第一节　筹资管理概述

资金是企业设立、生存、发展的物质基础，是开展生产经营业务活动的基本前提。任何一个企业，为了形成生产经营能力，保证生产经营正常运行，必须持有一定数量的资金。企业筹资，指企业根据其生产经营、对外投资和调整资本结构的需要，通过筹资渠道和资本（金）市场，运用筹资方式，经济有效地筹集企业所需的资本（金）的财务行为。

筹资活动是企业一项基本的财务活动，是企业创建和生存发展的一个必要条件。如企业的财务活动是以现金收支为主的资金流转活动，筹资活动是资金运转的起点。筹资管理是企业财务管理的一项基本内容，筹资管理解决为什么要筹资、需要筹集多少资金、以什么方式筹资，以及如何根据财务风险和资本成本合理安排资本结构等问题。

一、筹资管理的意义

（一）满足经营运转的资金需要

筹集资金，作为企业资金周转运动的起点，决定着企业资金运动的规模和生产经营发展的程度。企业新建时，要按照企业战略所确定的生产经营规模核定长期资本需要量和流动资金需要量。在企业日常生产经营活动运行期间，需要维持一定数额的资金，以满足营业活动的正常波动需求。企业筹资管理，能够为企业生产经营活动的正常开展提供财务保障。

（二）满足投资发展的资金需要

企业在成长时期，往往因扩大生产经营规模或对外投资需要大量资金。企业生产经营规模的扩大有两种形式：一种是新建厂房、增加设备，这是外延式的扩大再生产；一种是引进技术、改进设备，提高固定资产的生产能力，培训工人提高劳动生产率，这是内涵式的扩大再生产。不管是外延的扩大再生产还是内涵的扩大再生产，都会发生扩张性的筹资动机。同时，企业由于战略发展和资本经营的需要，还会积极开拓有发展前途的投资领域，以联营投资、股权投资和债权投资等形式对外投资。经营规模扩张和对外产权投资，往往会产生大额长期筹资管理的资金需求。企业筹资管理，能够为企业投资活动的正常开展提供财务保障。

（三）合理安排筹资渠道和选择筹资方式

企业筹资，首先要解决的问题是资金从哪里来，并以什么方式取得，这就是筹资渠道的安排和筹资方式的选择问题。

筹资渠道，是指企业筹集资金的来源方向与通道。一般来说，企业筹资渠道最基本的就是间接筹资和直接筹资。间接筹资是企业通过银行等金融机构以信贷关系间接从社会取得资金，直接筹资是企业与投资者签订协议或通过发行股票、债券等方式直接从社会取得资金。具体来说，企业的筹资渠道主要有国家财政投资和财政补贴、银行与非银行金融机构、资本市场、其他法人单位与自然人、企业自身积累。对于各种不同渠道的社会资金，企业可以通过不同的方式来取得。

筹资方式是企业筹集资金所采取的具体方式,不同筹资方式所筹集到的资金的属性和期限是不同的。企业筹资的总体方式分为内部筹资和外部筹资,内部筹资主要依靠企业的利润留存积累,外部筹资一般来说主要有两种方式,并形成两种性质的资金来源:股权资金和债务资金。股权资金,是企业通过吸收直接投资、发行股票等方式从投资者那里取得的;债务资金,是企业通过向银行借款、发行债券、利用商业信用、融资租赁等方式从债权人那里取得的。

企业的筹资渠道与筹资方式有着密切的联系。同一筹资渠道的资本往往可以采取不同的筹资方式取得,而同一筹资方式又往往可以适用于不同的筹资渠道。因此,企业在筹资时,应当实现筹资渠道和筹资方式两者之间的合理配合。

安排筹资渠道和选择筹资方式是重要的财务工作,直接关系到企业所能筹措资金的数量、成本和风险,因此需要深刻认识各种筹资渠道和筹资方式的特征、性质以及与企业筹资要求的适应性。通过筹资管理,可以在权衡不同性质资金的数量、成本和风险的基础上,合理安排筹资渠道和筹资方式,以有效地筹集资金。

(四)降低资本成本

资本成本是企业筹集和使用资金所付出的代价,包括资金筹集费用和使用费用。在资金筹集过程中,要发生股票发行费、借款手续费、证券印刷费、公证费、律师费等费用,这些属于资金筹集费用。在企业生产经营和对外投资活动中,要发生利息支出、股利支出、融资租赁的资金利息等费用,这些属于资金使用费用。按不同方式取得的资金,其资本成本是不同的。一般来说,债务资金比股权资金的资本成本要低,而且其资本成本在签订债务合同时就已确定,与企业的经营业绩和盈亏状况无关。即使同是债务资金,由于借款、债券和租赁的性质不同,其资本成本也有差异。企业筹资的资本成本,需要通过资金使用所取得的收益与报酬来补偿。资本成本的高低,决定了企业资金使用的最低投资报酬率要求。因此,企业在筹资管理中,要在权衡债务清偿财务风险的基础上,合理利用资本成本较低的资金种类,降低企业的资本成本率。

(五)合理控制财务风险

财务风险,是企业无法如期足额地偿付到期债务的本金和利息、支付股东股利的风险,主要表现为偿债风险。无力清偿权益人的要求,将导致企业破产。尽管债务资金的资本成本较低,但由于债务资金有固定合同还款期限,即到期必须偿还,因此企业承担的财务风险比股权资金要大一些。企业筹集资金在降低资本成本的同时，也要充分考虑不同资金的财务风险，防范企业破产的财务危机。筹资管理中的财务风险控制，从另一个角度来说也受到了企业资产流动性的限制。如果企业经营风险较高，资产流动性不强，则企业在筹资中不能使用太多债务资金。

二、筹资方式的分类

企业筹资方式可以按照不同的标准进行分类。

（一）股权筹资、债权筹资及衍生工具筹资

按企业所取得资金的权益特性不同，企业筹资分为股权筹资、债权筹资和衍生工具筹资。这种分类，也是企业筹资方式的基本分类。股权筹资形成股权资本，债权筹资形成债务资本，股权资本和债务资本的关系，构成了企业的资本结构，成为公司理财的一个核心问题。

股权资本，也称权益资本，是企业依法长期拥有、能够自主调配运用的资本。股权资本在企业持续经营期间内，投资者不得抽回投资，因而也称为企业的自有资本、主权资本或权益资本。股权资本是企业从事生产经营活动和偿还债务的本钱，是代表企业基本资信状况的一个主要指标。企业的股权资本通过吸收直接投资、发行股票、内部积累等方式取得。股权资本由于一般不用还本，形成了企业的永久性资本，因而财务风险较小，但付出的资本成本相对较高。

股权资本的项目，包括实收资本（股本）、资本公积金、盈余公积金和未分配利润等。其中，实收资本（股本）和实收资本溢价部分形成的资本公积金是投资者原始投入的；盈余公积金、未分配利润和少部分资本公积金是原始投入资本在企业持续经营中形成的经营积累。通常，盈余公积金、未分配利润共称为留存收益。股权资本在经济意义上形成了企业的所有者权益。所有者权益是指投资者在企业资产中享有的经济利益，其金额等于企业资产总额减去负债总额后的余额。

债务资本，是企业按合同取得的在规定期限内需要清偿的债务。企业的债务资本通过向金融机构借款、发行债券、融资租赁等方式取得。由于债务资本到期要归还本金和支付利息，对企业的经营状况不承担责任，因而具有较大的财务风险，但付出的资本成

本相对较低。从经济意义上来说，债务资本也是债权人对企业的一种投资，要依法享有企业使用债务资本所取得的经济利益，因而债务资本也可以称为债权人权益。

衍生工具筹资是以股权或债权为基础产生的新的融资方式，如我国上市公司目前最常见的可转换债券融资、认股权证融资。

（二）直接筹资与间接筹资

按是否以银行金融机构为媒介，企业筹资分为直接筹资和间接筹资两种类型。

直接筹资，是企业直接与资金供应者协商筹集资金。直接筹资不需要通过金融机构等中介来筹措资金，是企业直接从社会取得资金的方式。直接筹资手续比较复杂，筹资费用较高；但筹资领域广阔，能够直接利用社会资金，有利于提高企业的知名度和资信度。

间接筹资，是企业通过银行和非银行金融机构来筹集资金。在间接筹资方式下，企业通过银行等金融机构以信贷关系间接从社会取得了资金，银行等金融机构发挥中介作用，预先集聚资金，然后提供给企业。间接筹资方式主要有银行借款、融资租赁等，形成的主要是债务资金，主要用于满足企业资金周转的需要。间接筹资手续比较简便，筹资效率高，筹资费用较低，但容易受金融政策的制约和影响。目前，我国大多数企业的筹资多采用间接筹资这种传统的筹资类型。

（三）内部筹资与外部筹资

按资金的来源范围不同，企业筹资分为内部筹资和外部筹资两种类型。

内部筹资是指企业通过利润留存而形成的筹资来源，内部筹资数额大小主要取决于企业可分配利润的多少和利润分配政策（股利政策），一般无须花费筹资费用，可以降低资本成本。

外部筹资是指企业向外部筹措资金而形成的筹资来源。处于初创期的企业，内部筹资的可能性是有限的；处于成长期的企业，内部筹资往往难以满足需要。这就需要企业广泛地开展外部筹资，如发行股票、债券，取得商业信用、银行借款等。企业向外部筹资大多需要花费一定的筹资费用，具有大额性、集中性等特点。

企业筹资时应首先考虑内部筹资，再考虑外部筹资。

（四）长期筹资与短期筹资

按所筹集资金的使用期限不同，企业筹资分为长期筹资和短期筹资两种类型。

长期筹资，是指企业使用期限在一年以上的资金筹集活动。长期筹资的目的主要在于形成和更新企业的生产和经营能力，或扩大企业生产经营规模，或为对外投资筹集资金。长期筹资通常采取吸收直接投资、发行股票、发行债券、长期借款、融资租赁等方式，所形成的长期资金主要用于购建固定资产、形成无形资产、进行对外长期投资、垫支铺底流动资金、产品和技术研发等。从资金权益性质来看，长期资金可以是股权资金，也可以是债务资金。

短期筹资，是指企业使用期限在一年以内的资金筹集活动。短期资金主要用于企业的流动资产和资金日常周转，一般在短期内需要偿还。短期筹资经常利用商业信用、短期借款、保理业务等方式来筹集。

三、筹资管理的原则

企业筹集管理的基本要求，是要在严格遵守国家法律法规的基础上，分析影响筹资的各种因素，权衡资金的性质、数量、成本和风险，合理选择筹资方式，提高筹集效果。

（一）筹措合法原则

不论是直接筹资还是间接筹资，企业最终都通过筹资行为向社会获取了资金。企业的筹资活动不仅能为自身的生产经营提供资金来源，也会影响投资者的经济利益，影响社会经济秩序。企业的筹资行为和筹资活动必须遵循国家的相关法律法规，依法履行法律法规和投资合同约定的责任，合法合规筹资，依法披露信息，维护各方的合法权益。

（二）来源经济原则

企业所筹集的资金都要付出资本成本的代价，进而给企业的资金使用提出了最低报酬要求。不同筹资渠道和方式所取得的资金，其资本成本各有差异。企业应当在考虑筹资难易程度的基础上，针对不同来源资金的成本，认真选择筹资渠道，并选择经济、可行的筹资方式，力求降低筹资成本。

（三）规模适当原则

企业筹集资金，首先要合理预测和确定资金的需要量。筹资规模与资金需要量应当匹配，既要避免因筹资不足而影响生产经营的正常进行，又要防止筹资过多而造成资金闲置。

（四）结构合理原则

资本成本的降低，往往伴随着较大的财务风险。企业筹资要综合考虑股权资金与债务资金的关系、长期资金与短期资金的关系、内部筹资与外部筹资的关系，合理安排资金结构，保持适当的偿债能力，防范企业财务危机。

（五）筹措及时原则

企业在筹集资金时，应根据资金需要量的具体情况，合理安排资金的筹集时间，适时获得适量资金。

第二节　筹资规模

筹资规模是指企业在一定时期内的筹资数量。企业在筹资之前，应当采用一定的方法预测资金需要数量，只有这样，才能使筹集来的资本既能保证满足生产经营的需要，又不会有太多的闲置。

一、销售百分比法

销售百分比法是根据销售与利润表、资产负债表有关项目的比例关系，以及预测期销售额的变化情况，来预测资金需要量的方法。

（一）基本假设

1.资产负债表的资产、负债项目可以划分为敏感项目与非敏感项目

凡是随销售变动而变动并呈现一定比例关系的项目，称为敏感项目；凡不随销售变动而变动的项目，称为非敏感项目。敏感项目在短时期内随销售的变动而发生成比例变动。

2.敏感项目与销售额之间呈正比例关系

一是敏感项目与销售额之间为正相关；二是销售额为零时，项目的初始值也为零。

3.基期与预测期的情况基本不变

这一假设包含三重含义：一是基期与预测期的敏感项目和非敏感项目的划分不变；二是敏感项目与销售额之间成固定比例，或称比例不变；三是销售结构和价格水平与基期相比基本不变。

4.企业的内部资金来源仅来自留存收益

这个假设相当于假设企业当期计提的折旧在当期全部用来更新固定资产。

5.销售的预测比较准确

销售预测是销售百分比法应用的重要前提之一,只有销售预测准确,才能比较准确地预测资金需要量。

(二)基本步骤

1.销售预测

销售预测对外部融资需求量的预测有重大影响。如果销售的实际状况超出预测很多,企业没有准备足够的资金添置设备或储备存货,则无法满足顾客需要,不仅会失去盈利机会,而且会丧失原有的市场份额。相反,销售预测过高,筹集大量资金购买设备并储备存货,则会造成设备闲置和存货积压,使资产周转率下降,导致权益收益率降低,股价下跌。

2.确定随销售额变动而变动的敏感资产和敏感负债项目

资产是资金使用的结果,随着销售额的变化,资产项目将占用更多的资金。同时,随着资产的增加,相应的短期债务也会增加,如存货增加会导致应付账款增加,此类债务称为"自发性债务",可以为企业提供暂时性资金。一般情况下,随销售额变动而变动的敏感资产项目包括现金、应收账款、存货等;而敏感负债项目包括应付票据、应付账款等,不包括短期借款、短期融资券、长期负债等筹资性负债。

3.确定敏感资产、敏感负债与销售额的稳定比例关系

如果企业资金周转的营运效率保持不变,某些资产与负债项目将会随销售额的变动而呈正比例变动,保持稳定的百分比关系。企业应当根据历史资料和同业情况,剔除不合理的资金占用,寻找与销售额的稳定百分比关系。

4.确定需要增加的筹资数量

预计由于销售增长而需要的资金需求增长额,扣除留存利润后,即为所需要的外部筹资额,公式如下:

$$外部融资需求量 = A/S1 \times \Delta S - B/S1 \times \Delta S - P \times E \times S2$$

公式中,A 为随销售而变化的敏感性资产;B 为随销售而变化的敏感性负债;S1 为基期销售额;S2 为预测期销售额;ΔS 为销售变动额;P 为销售净利率;E 为利润存留率;A/S1 为敏感资产与销售额的关系百分比;B/S1 为敏感负债与销售额的关系百

分比。

二、资金习性预测法（线性回归分析法）

资金习性预测法，是指根据资金习性预测未来资金需要量的一种方法。所谓资金习性，是指资金的变动同产销量变动之间的依存关系。按照资金同产销量之间的依存关系，可以把资金区分为不变资金、变动资金和半变动资金。

不变资金是指一定的产销量范围内，不受产销量变动的影响而保持固定不变的那部分资金。也就是说，产销量在一定范围内变动，这部分资金保持不变。这部分资金包括：为维持营业而占用的最低数额的现金，原材料的保险储备占用的资金，必要的成品储备占用的资金，厂房、机器设备等固定资产占用的资金等。

变动资金是指随产销量的变动而同比例变动的那部分资金。它一般包括直接构成产品实体的原材料、外购件等占用的资金。另外，在最低储备以外的现金、存货、应收账款等也具有变动资金的性质。

半变动资金是指虽然受产销量变化的影响，但不成同比例变动的资金，如一些辅助材料上占用的资金。半变动资金可采用一定的方法划分为不变资金和变动资金两部分。

资金习性预测法有两种形式：一种是根据资金占用总额同产销量的关系来预测资金需要量，这种方式是根据历史上企业资金占用总额与产销量之间的关系，把资金分为不变和变动两部分，然后结合预计的销售量来预测资金需要量；另一种是采用先分项后汇总的方式预测资金需要量，这种方式是根据各资金占用项目（如现金、存货、应收账款、固定资产）同产销量之间的关系，把各项目的资金都分成变动资金和不变资金两部分，然后汇总在一起，求出企业变动资金总额和不变资金总额，进而预测资金需求量。

根据资金的习性，按照回归方法，可建立筹资规模的直线回归模型：

$$y=a+bx$$

公式中，y——筹资规模，即资金需要量；a——不变资金总额；b——单位业务量的变动资金；x——产销业务量。

回归直线法是根据若干期业务量和资金占用的历史资料，运用最小平方法原理计算不变资金和单位销售额的变动资金的一种资金习性分析方法，即确定 a、b 的数值。

第三节　股权筹资

股权筹资形成企业的股权资金，也称权益资本，是企业通过吸收直接投资、发行股票等方式筹集和取得的资金。吸收直接投资、发行股票和利用留存收益，是股权筹资的三种基本形式。

一、吸收直接投资

吸收直接投资，是指企业按照"共同投资、共同经营、共担风险、共享收益"的原则，以协议等形式直接吸收国家、法人、个人和外商投入资金（货币、实物资产、无形资产等），形成企业权益资本的一种筹资方式。吸收直接投资是非股份制企业筹集权益资本的基本方式，采用吸收直接投资的企业，资本不分为等额股份，无须公开发行股票。吸收直接投资实际出资额，注册资本部分形成实收资本，超过注册资本的部分形成资本公积。

（一）吸收直接投资的优点

1.能够尽快形成生产能力

吸收直接投资不仅可以取得一部分货币资金，而且能够直接获得所需的先进设备和技术，尽快形成生产经营能力。

2.容易进行信息沟通

吸收直接投资的投资者比较单一，股权没有社会化、分散化，投资者甚至直接担任公司管理层职务，公司与投资者易于沟通。

3.吸收投资手续简便

吸收投资的手续相对比较简便，筹资费用较低。

（二）吸收直接投资的缺点

1.资本成本较高

相对于股票筹资来说，吸收直接投资的资本成本较高。当企业经营较好、盈利较多时，投资者往往要求将大部分盈余作为红利分配，因为向投资者支付的报酬是按其出资份额和企业实现利润的比率来计算的。

2.公司控制权集中

不利于公司治理，采用吸收直接投资方式筹资，投资者一般都要求获得与投资数额相适应的经营管理权。如果某个投资者的投资额比例较大，则该投资者对企业的经营管理就会有相当大的控制权，容易损害其他投资者的利益。

3.不利于产权交易

吸收直接投资由于没有证券作媒介，不利于产权交易，难以进行产权转让。

二、普通股筹资

股票是股份有限公司为筹措股权资本而发行的有价证券，是公司签发的证明股东持有公司股份的凭证，它可以作为买卖对象和抵押品，是资本市场主要的长期融资工具之一。股票只能由股份有限公司发行。

（一）股票初次发行的规定与条件

股份有限公司发行股票，应符合以下规定与条件：一是每股金额相等。同次发行的股票，每股的发行条件和价格应当相同。二是股票发行价格可以按票面金额，也可以超过票面金额，但不得低于票面金额。三是股票应当载明公司名称、公司登记日期、股票种类、票面金额及代表的股份数、股票编号等主要事项。四是向发起人、国家授权投资的机构、法人发行的股票，应当为记名股票；对社会公众发行的股票，可以为记名股票，也可以为无记名股票。五是公司发行记名股票的，应当置备股东名册，记载股东的姓名或者名称、住所、各股东所持股份、各股东所持股票编号、各股东取得股份的日期；发行无记名股票的，公司应当记载其股票数量、编号及发行日期。六是公司公开发行新股，必须具备下列条件：首先，具备健全且运行良好的组织机构；其次，具有持续盈利能力，财务状况良好；再次，最近3年财务会计文件无虚假记载，无其他重大违法行为；最后，证券监督管理机构规定的其他条件。

（二）股票发行方式和销售方式

公司发行股票筹资，应当选择适宜的股票发行方式和销售方式，并恰当地制定发行价格，以便及时募足资本。

1.股票发行方式

股票发行方式可分为两类：

（1）公开间接发行

公开间接发行，是指通过中介机构，公开向社会公众发行股票。这种发行方式的发行范围广，发行对象多，易于足额募集资本；股票的变现性强，流通性好；股票的公开发行还有助于提高发行公司的知名度和扩大其影响力。但这种发行方式也有不足，主要是手续繁杂，发行成本高。

公开发行由于发行范围广、发行对象多，对社会影响大，需要对其进行限定。证券法规定，有下列情形之一者属于公开发行：向不特定对象发行证券；向累计超过200人的特定对象发行证券；法律、行政法规规定的其他发行行为。

（2）不公开直接发行

不公开直接发行，是指不公开对外发行股票，只向少数特定的对象直接发行，因而不需经中介机构承销。我国股份有限公司采用发起设立方式和以不向社会公开募集的方式发行新股的做法，即属于股票的不公开直接发行。这种发行方式弹性较大，发行成本低，但发行范围小，股票变现性差。不公开发行证券，不得采用广告、公开劝诱和变相公开方式。

2.股票的销售方式

股票的销售方式指的是股份有限公司向社会公开发行股票时所采取的股票销售方法。股票的销售方式有两类：

（1）自行销售方式

股票发行的自行销售方式，是指发行公司自己直接将股票销售给认购者。这种销售方式可由发行公司直接控制发行过程，实现发行意图，并可以节省发行费用；缺点是筹资时间长，发行公司要承担全部发行风险，并需要发行公司有较高的知名度、信誉和实力。

（2）委托销售方式

股票发行的委托销售方式，是指发行公司将股票销售业务委托给证券经营管理机构代理。这种销售方式是发行股票所普遍采用的。股份有限公司向社会公开发行股票，必须与依法设立的证券经营机构签订承销协议，由证券经营机构承销。

（三）发行价格的确定方法

股票发行采用溢价发行的，其发行价格由发行人与承销的证券公司协商确定。股票发行价格的确定方法主要有以下三种：

1.市盈率法（P/E）

市盈率是指公司股票市场价格与公司盈利的比率。计算公式为：

$$市盈率=每股市价/每股收益$$

$$每股收益=净利润/发行前总股数$$

$$发行价格=每股收益×发行市盈率$$

2.净资产倍率法

净资产倍率法又称资产净值法，是指通过资产评估和相关会计手段确定发行公司拟募股资产的每股净资产值，然后根据证券市场的状况将每股净资产值乘以一定的倍率，以此确定股票发行价格的方法。计算公式为：

$$发行价格=每股净资产值×溢价倍数$$

3.现金流量折现法

现金流量折现法是通过预测公司未来的盈利能力，据此计算出公司的净现值，并按一定的折现率折算，从而确定股票发行价格的方法。其基本要点是：首先用市场接受的会计手段预测公司每个项目若干年内每年的净现金流量，再按照市场公允的折现率，分别计算出每个项目未来的净现金流量的净现值。公司的净现值除以公司股份数，即为每股净现值。

采用此法应注意两点：第一，由于未来收益存在不确定性，发行价格通常要对上述每股净现值折让 20%~30%；第二，用现金流量折现法定价的公司，其市盈率往往远高于市场平均水平，但这类公司发行上市时套算出来的市盈率与一般公司发行股票的市盈率之间不具可比性。这一方法在国际主要股票市场上主要用于对新上市公路、港口、桥梁、电厂等基建公司的估值发行的定价。这类公司的特点是前期投资大，初期回报不高，上市时的利润一般偏低，如果采用市盈率法定价则会低估其真实价值，而对公司未来收益的分析和预测能比较准确地反映公司的整体和长远价值。

（四）股权再融资

股权再融资的方式包括向现有股东配股和增发新股融资。配股是指向原普通股股东按其持股比例，以低于市价的某一特定价格配售一定数量新发行股票的融资行为。增发新股指上市公司为了筹集权益资本而再次发行股票的融资行为，包括面向不特定对象的公开增发和面向特定对象的非公开增发，也称定向增发。其中，配股和公开增发属于公开发行，非公开增发属于非公开发行。

（五）普通股筹资的优缺点

1.普通股筹资的优点

（1）没有固定的股息负担，资本成本较低

公司有盈利，并认为适于分配股利才分派股利；公司盈利较少，或者虽有盈利但现金短缺或有更好的投资机会，也可以少支付或不支付股利。相对吸收直接投资来说，普通股筹资的资本成本较低。

（2）没有固定到期日

利用普通股筹集的是永久性的资金，除非公司清算才需偿还。它对保证企业最低的资金需求有重要意义。

（3）能增强公司的社会声誉

普通股筹资，股东的大众化，带来了公司广泛的社会影响。特别是上市公司，其股票的流通性强，有利于市场确认公司的价值。

（4）促进股权流通和转让

普通股筹资以股票作为媒介，便于股权的流通和转让，便于吸收新的投资者。

（5）筹资限制较少

利用优先股或债券筹资，通常有许多限制，这些限制往往会影响公司经营的灵活性，而利用普通股筹资则没有这种限制。

2.普通股筹资的缺点

（1）普通股的资本成本较高

首先，从投资者的角度讲，投资普通股的风险较高，相应的，要求有较高的投资报酬率；其次，对于筹资公司来讲，普通股股利从净利润中支付，不像债券利息那样作为费用从税前支付，因而不具有抵税作用；此外，普通股发行费用一般也高于其他证券。

（2）不易尽快形成生产能力

普通股筹资吸收的一般都是货币资金，还需要通过购置和建造形成生产经营能力。

（3）公司控制权容易分散

公司控制权分散，公司容易被经理人控制。同时，流通性强的股票交易，也容易被恶意收购。

（4）履行严格的信息披露制度

如果公司股票上市，需要履行严格的信息披露制度，接受公众股东的监督，会带来较大的信息披露成本，也增加了公司保护商业秘密的难度。

三、留存收益筹资

留存收益筹资是指企业将留存收益转化为投资的过程，将企业生产经营所实现的净收益留在企业，而不作为股利分配给股东，其实质为原股东对企业追加投资。

（一）留存收益的筹资途径

1.提取盈余公积金

盈余公积金，是指有指定用途的留存净利润。盈余公积金主要用于企业未来的经营发展，经投资者审议后也可以用于转增股本（实收资本）和弥补以前年度经营亏损。盈余公积金不得用于以后年度的对外利润分配。

2.未分配利润

未分配利润，是指未限定用途的留存净利润。未分配利润有两层含义：第一，这部分净利润本年没有分配给公司的股东投资者；第二，这部分净利润未指定用途，可以用于企业未来经营发展、转增股本（实收资本）、弥补以前年度经营亏损、以后年度利润分配。

（二）留存收益筹资的优缺点

1.留存收益筹资的优点

（1）不用发生筹资费用

企业从外界筹集长期资本，与普通股筹资相比较，留存收益筹资不需要发生筹资费用，资本成本较低。

（2）维持公司的控制权分布

利用留存收益筹资，不用对外发行新股或吸收新投资者，由此增加的权益资本不会改变公司的股权结构，不会稀释原有股东的控制权。

（3）保持企业举债能力

留存收益实质上属于股东权益的一部分，可以作为企业对外举债的基础。先利用这部分资金筹资，减少了企业对外部资金的需求，当企业遇到盈利率很高的项目时，再向外部筹资，不会因企业的债务已达到较高的水平而难以筹到资金。

2.留存收益筹资的缺点

（1）筹资数额有限

留存收益的最大数额是企业到期的净利润和以前年度未分配利润之和，不如外部筹资一次性可以筹资大量资金。如果企业发生亏损，当年将没有利润留存。

（2）要权衡股利政策

如果留存收益过高，现金股利过少，则可能影响企业的形象，并给今后进一步的筹资增加困难。利用留存收益筹资须考虑公司的股利政策，不能随意变动。

第四节　长期负债筹资

　　长期负债筹资形成企业的债务资金，是企业通过向银行借款、向社会发行公司债券、融资租赁等方式筹集和取得的资金。银行借款、发行债券和融资租赁，是长期负债筹资的三种基本形式。

一、长期借款筹资

　　长期借款是指企业向银行或其他金融机构借入的期限在一年以上（不含一年）或超过一年的一个营业周期以上的各项借款。

（一）长期借款的种类

1.政策性银行贷款、商业银行贷款和其他金融机构贷款

　　政策性银行贷款是指执行国家政策性贷款业务的银行向企业发放的贷款，通常为长期贷款。如国家开发银行贷款，主要满足企业承建国家重点建设项目的资金需要；中国进出口信贷银行贷款，主要为大型设备的进出口提供的买方信贷或卖方信贷；中国农业发展银行贷款，主要用于确保国家对粮、棉、油等政策性收购资金的供应。

　　商业性银行贷款是指由各商业银行，如中国工商银行、中国建设银行、中国农业银行、中国银行等，向工商企业提供的贷款，用以满足企业生产经营的资金需要，包括短期贷款和长期贷款。

　　其他金融机构贷款，如从信托投资公司取得的实物或货币形式的信托投资贷款，从财务公司取得的各种中长期贷款，从保险公司取得的贷款等。其他金融机构的贷款一般较商业银行贷款的期限要长，要求的利率较高，对借款企业的信用要求和担保的选择比较严格。

2.按机构对贷款有无担保要求，分为信用贷款和担保贷款

　　信用贷款是指以借款人的信誉或保证人的信用为依据而获得的贷款。企业取得这种

贷款，无须以财产做抵押。对于这种贷款，由于风险较高，银行通常要收取较高的利息，往往还附加一定的限制条件。

担保贷款是指由借款人或第三方依法提供担保而获得的贷款。担保包括保证责任、财产抵押、财产质押。担保贷款包括保证贷款、抵押贷款和质押贷款。

3.按企业取得贷款的用途，分为基本建设贷款、专项贷款和流动资金贷款

基本建设贷款是指企业因从事新建、改建、扩建等基本建设项目需要资金而向银行申请借入的款项。

专项贷款是指企业因为专门用途而向银行申请借入的款项，包括技术改造贷款、大修理贷款、研发和新产品研制贷款、小型技术措施贷款、出口专项贷款、引进技术转让费周转金贷款、进口设备外汇贷款、进口设备人民币贷款及国内配套设备贷款等。

流动资金贷款是指企业为满足流动资金的需求而向银行申请借入的款项，包括流动基金借款、生产周转借款、临时借款、结算借款和卖方信贷。

（二）长期借款的利率

长期借款的利率通常会高于短期借款，但信誉好和抵押品流动性强的借款企业，仍然可以争取到较低的长期借款利率。长期借款利率有固定利率和浮动利率两种，浮动利率通常有最高和最低限，并在借款合同中明确。对于借款企业来讲，若预测市场利率将上升，应与银行签订固定利率合同；反之，则应签订浮动利率合同。

（三）长期借款的偿还方式

企业应按借款合同的规定按期付息还本。企业偿还长期借款的方式通常有三种：

1.到期日一次偿还

在这种方式下，还款集中，借款企业须于贷款到期日前做好准备，以保证全部清偿到期贷款。

2.定期偿还相等份额的本金

在到期日之前定期（如每一年或两年）偿还相同的金额，至贷款到期日还清全部本金。

3.分批偿还，每批金额不等

这种方式便于企业灵活安排。

（四）长期借款的优缺点

1.长期借款的优点

（1）筹资速度快

与发行债券、融资租赁等债权筹资方式相比，长期借款的程序相对简单，所花时间较短，公司可以迅速获得所需资金。

（2）资本成本较低

利用长期借款筹资，比发行债券和融资租赁的利息负担要低。而且，无须支付证券发行费用、租赁手续费用等筹资费用。

（3）筹资弹性较大

在借款之前，公司根据当时的资本需求与银行等贷款机构直接商定贷款的时间、数量和条件。在借款期间，若公司的财务状况发生某些变化，也可与债权人再协商，变更借款数量、时间和条件，或提前偿还本息。长期借款到期后，如有正当理由，还可延期归还。因此，长期借款筹资对公司具有较大的灵活性。

2.长期借款的缺点

（1）限制条款多

与债券筹资相比较，长期借款合同对借款用途有明确规定，通过借款的保护性条款，对公司资本支出额度、再筹资、股利支付等行为有严格的约束，以后公司的生产经营活动和财务政策必将受到一定程度的影响。

（2）财务风险较大

企业举借长期借款，必须定期还本付息。在经营不利的情况下，可能会产生不能偿付的风险，甚至会导致破产。

二、长期债券筹资

企业债券又称公司债券，是企业依照法定程序发行的、约定在一定期限内还本付息的有价证券。债券是持券人拥有公司债权的书面证书，它代表持券人同发债公司之间的债权债务关系。长期债券，指的是期限超过 1 年的公司债券，其发行目的通常是为建设大型项目筹集大笔长期资金。

（一）债券的特征

债券和股票都属于有价证券，对于发行公司来说都是一种筹资手段，而对于购买者来说都是投资手段。与股票相比，债券主要有以下特征：

第一，债券是债务凭证，是对债权的证明；股票是所有权凭证，是对所有权的证明。债券持有人是债权人，股票持有人是所有者。债券持有者与发行公司只是一种借贷关系，而股票持有者则是公司经营的参与者。

第二，债券的收入为利息，利息的多少一般与发行公司的经营状况无关，是固定的；股票的收入是股息，股息的多少是由公司的盈利水平决定的，一般是不固定的。如果公司经营不善，发生亏损或者破产，投资者就得不到任何股息，甚至连本金也保不住。

第三，债券的风险较小，因为其利息收入基本是稳定的；股票的风险则较大。

第四，债券是有期限的，到期必还本付息；股票除非公司停业，一般不退还股本。

第五，债券属于公司的债务，它在公司停业进行财产分配时受偿权优于股票。

（二）债券的分类

1.按是否记名，分为记名公司债券和无记名公司债券

记名公司债券，应当在公司债券存根簿上载明债券持有人的姓名及住所、债券持有人取得债券的日期及债券的编号等债券持有人信息。记名公司债券由债券持有人以背书方式或者法律、行政法规规定的其他方式转让；转让后由公司将受让人的姓名或者名称及住所记载于公司债券存根簿。

无记名公司债券，应当在公司债券存根簿上载明债券总额、利率、偿还期限和方式、发行日期及债券的编号。无记名公司债券的转让，由债券持有人将该债券交付给受让人后即发生转让的效力。

2.按是否能够转换成公司股票，分为可转换债券与不可转换债券

可转换债券，是指债券持有者可以在规定的时间内按规定的价格转换为发债公司的股票。这种债券在发行时，对债券转换为股票的价格和比率等都做了详细规定。公司法规定，可转换债券的发行主体是股份有限公司中的上市公司。不可转换债券，是指不能转换为发债公司股票的债券，大多数公司债券属于这种类型。

3.按有无特定财产担保，分为担保债券和信用债券

担保债券是指以抵押方式担保发行人按期还本付息的债券，主要是指抵押债券。抵押债券按其抵押品的不同，又分为不动产抵押债券、动产抵押债券和证券信托抵押债券。

信用债券是无担保债券，是仅凭公司自身的信用发行的、没有抵押品作抵押担保的债券。在公司清算时，信用债券的持有人因无特定的资产作担保品，只能作为一般债权人参与剩余财产的分配。

（三）债券的发行条件

债券的发行条件是指债券发行者在以债券形式筹集资金时所必须考虑的有关因素，包括发行金额、票面金额、期限、偿还方式、票面利率、付息方式、发行价格、发行费用、税收效应以及有无担保等项内容。债券是政府、金融机构、工商企业等机构直接向社会借债筹措资金时，向投资者发行，并且承诺按一定利率支付利息并按约定条件偿还本金的债权债务凭证。债券的本质是债的证明书，具有法律效力。债券购买者与发行者之间是一种债权债务关系，债券发行人即债务人，投资者（或债券持有人）即债权人。

1.债券特征

（1）偿还性

债券一般都规定有偿还期限，发行人必须按约定条件偿还本金并支付利息。

（2）流通性

债券一般都可以在流通市场上自由转换。

（3）安全性

与股票相比，债券通常规定有固定的利率，与企业绩效没有直接联系，收益比较稳定，风险较小。此外，在企业破产时，债券持有者享有优先于股票持有者对企业剩余财产的索取权。

（4）收益性

债券的收益性主要表现在两个方面，一是投资债券可以给投资者定期或不定期地带来利息收益；二是投资者可以利用债券价格的变动，买卖债券赚取差额。

2.发行形式

债券发行市场，又称一级市场，是发行单位初次出售新债券的市场。债券发行市场的作用是将政府、金融机构以及公司企业等为筹集资金向社会发行的债券，分散发行到投资者手中。

债券的发行价格是指投资者认购新发行的债券实际支付的价格。债券的发行价格可以分为：平价发行，即债券的发行价格与面值相等；折价发行，即债券以低于面值的价格发行；溢价发行，即债券以高于面值的价格发行。在面值一定的情况下，调整债券的发行价格可以使投资者的实际收益率接近市场收益率的水平。

债券发行的定价方式以公开招标最为典型。按照招标标的分类，有价格招标和收益率招标；按照价格决定方式分类，有美式招标和荷兰式招标。以价格为标的的荷兰式招标，是以募满发行额为止所有投标者的最低中标价格作为最后中标价格，全体中标者的中标价格是单一的；以价格为标的的美式招标，是以募满发行额为止中标者各自的投标价格作为各中标者的最终中标价，各中标者的认购价格是不同的。以收益率为标的的荷兰式招标，是以募满发行额为止的中标者最高收益率作为全体中标者的最终收益率，所有中标者的认购成本是相同的；以收益率为标的的美式招标，是以募满发行额为止的中标者所投标的各个价位上的中标收益率作为中标者各自的最终中标收益率，各中标者的认购成本是不相同的。一般情况下，短期贴现债券多采用单一价格的荷兰式招标，长期付息债券多采用多种收益率的美式招标。

3.公司债券

在我国，根据公司法的规定，股份有限公司、国有独资公司和两个以上的国有公司或者两个以上的国有投资主体投资设立的有限责任公司，具有发行债券的资格。

根据证券法规定，公开发行公司债券，应当符合下列条件：一是股份有限公司的净资产不低于人民币3000万元，有限责任公司的净资产不低于人民币6000万元；二是累计债券余额不超过公司净资产的40%；三是最近三年平均可分配利润足以支付公司债券一年的利息；四是筹集的资金投向符合国家产业政策；五是债券的利率不超过国务院限定的利率水平；六是国务院规定的其他条件。

公开发行公司债券筹集的资金，必须用于核准的用途，不得用于弥补亏损和非生产性支出。

根据证券法规定，公司申请公司债券上市交易，应当符合下列条件：一是公司债券的期限为一年以上；二是公司债券实际发行额不少于人民币5000万元；三是公司申请债券上市时仍符合法定的公司债券发行条件。

（四）债券的发行价格

债券的发行价格是债券发行时使用的价格，亦即投资者购买债券时所支付的价格。公司债券的发行价格通常有三种：平价、溢价和折价。

平价指以债券的票面金额为发行价格，溢价指以高出债券票面金额的价格为发行价格，折价指以低于债券票面金额的价格为发行价格。

（五）债券的偿还

债券偿还时间按其实际发生与规定的到期日之间的关系，分为提前偿还与到期偿还两类，其中后者又包括分批偿还和一次偿还两种。

1.提前偿还

提前偿还又称提前赎回或收回，是指在债券尚未到期之前就予以偿还。只有在公司发行债券的契约中明确规定了有关允许提前偿还的条款，公司才可以进行此项操作。提前偿还所支付的价格通常要高于债券的面值，并随到期日的临近而逐渐下降，具有提前偿还条款的债券可使公司筹资有较大的弹性。当公司资金有结余时，可提前赎回债券；当预测利率下降时，也可提前赎回债券，而后以较低的利率来发行新债券。

2.到期偿还

到期偿还包括分批偿还和一次偿还。如果一个公司在发行同一种债券的当时就为不同编号或不同发行对象的债券规定了不同的到期日，这种债券就是分批偿还债券。因为各批债券的到期日不同，它们各自的发行价格和票面利率也可能不相同，从而导致发行费用较高；但由于这种债券便于投资人挑选最合适的到期日，因而便于发行。

一次偿还的债券是最为常见的。

（六）债券筹资的优缺点

1.债券筹资的优点

（1）一次筹资数额大

利用发行公司债券筹资，能够筹集大额的资金，满足公司大规模筹资的需要。这是在银行借款、融资租赁等债权筹资方式中，企业选择发行公司债券筹资的主要原因，也能够适应大型公司经营规模的需要。

（2）提高公司的社会声誉

公司债券的发行主体，有严格的资格限制。发行公司债券，往往是股份有限公司和有实力的有限责任公司所为。通过发行公司债券，一方面筹集了大量资金，另一方面也扩大了公司的社会影响。

（3）具有长期性和稳定性的特点

债券的期限可以比较长，且债券的投资者一般不能在债券到期之前向企业索取本金，因而债券筹资方式具有长期性和稳定性的特点。

（4）有利于优化资源配置

由于债券是公开发行的，是否购买债券取决于市场上众多投资者自己的判断，并且投资者可以方便地交易并转让所持有的债券，有助于加速市场竞争，优化社会资金的资源配置效率。

2.债券筹资的缺点

（1）发行资格要求高

债券发行资格要求高，手续复杂。发行公司债券，面向的负债债权人是社会公众，因此国家为了保护投资者的利益，维护社会经济秩序，对发债公司的资格有严格的限制。从申报、审批、承销，到取得资金，需要经过众多环节和较长时间。

（2）资本成本较高

相对于长期借款筹资，发行债券的利息负担和筹资费用都比较高。而且债券不能像长期借款一样进行债务展期，加上大额的本金和较高的利息，在固定的到期日，将会对公司现金流产生巨大的财务压力。

三、融资租赁

租赁，是指通过签订资产出让合同的方式，使用资产的一方（承租方）通过支付租金，向出让资产的一方（出租方）取得资产使用权的一种交易行为。在这项交易中，承租方通过得到所需资产的使用权，完成了筹集资金的行为。

租赁分为经营租赁和融资租赁。经营租赁是由租赁公司向承租单位在短期内提供设备，并提供维修、保养、人员培训等的一种服务性业务，又称服务性租赁。融资租赁是由租赁公司按承租单位要求出资购买设备，在较长的合同期内提供给承租单位使用的融资信用业务，它是以融通资金为主要目的的租赁。

（一）融资租赁的含义和特点

融资租赁是指出租人对承租人所选定的租赁物件，进行以融资为目的的购买，然后再以收取租金为条件，将该租赁物件中、长期出租给该承租人使用的信用性租赁业务。

融资租赁的主要特点：一是出租的设备由承租企业提出要求购买，或者由承租企业直接从制造商或销售商那里选定；二是租赁期较长，接近于资产的有效使用期，在租赁期间双方无权取消合同；三是由承租企业负责设备的维修、保养；四是租赁期满，按事先约定的方法处理设备，包括退还租赁公司，或继续租赁，或企业留购。通常采用企业留购的办法，即以很少的"名义价格"（相当于设备残值）买下设备。

（二）融资租赁的形式

1.直接租赁

直接租赁是融资租赁的主要形式，承租方提出租赁申请时，出租方按照承租方的要求选购，然后再出租给承租方。

2.售后回租

售后回租是指承租方由于急需资金等各种原因，将自己的资产售给出租方，然后以租赁的形式从出租方原封不动地租回资产的使用权。在这种租赁合同中，除资产所有者的名义改变之外，其余情况均无变化。

3.杠杆租赁

杠杆租赁是指涉及承租人、出租人和资金出借人三方的融资租赁业务。一般来说，当所涉及的资产价值昂贵时，出租方自己只投入部分资金，通常为资产价值的20%～40%，其余资金则通过将该资产抵押担保的方式，向第三方（通常为银行）申请贷款解决。租赁公司随后将购进的设备出租给承租方，用收取的租金偿还贷款，该资产的所有权属于出租方。出租人既是债权人又是债务人，如果出租人到期不能按期偿还借款，资产所有权则转移给资金的出借者。这种融资租赁形式，由于租赁收益一般大于借款成本，出租人借款购买物出租可获得财务杠杆利益，故称为杠杆租赁。

（三）融资租赁租金的计算

1.平均分摊法

平均分摊法没有考虑货币的时间价值，是先以商定的利息率和手续费率计算出租赁期间的利息和手续费，然后连同设备价款一起按支付次数平均。每次应支付租金的计算公式如下：

$$A=[（C-S）+I+F]/N$$

公式中，A 表示每次支付租金；C 表示租赁设备价款；S 表示租赁设备预计残值；I 表示租赁期间利息；F 表示租赁期间手续费；N 表示租期。

2.等额年金法

我国融资租赁实务中，租金的计算大多采用等额年金法。等额年金法下，通常要根据利率和租赁手续费率确定一个租费率，作为折现率。按照年金支付的时间，可以分别计算后付租金和先付租金，计算公式如下：

$$后付租金 A=P/（P/A，i，n）$$

$$先付租金 A=P/[P/A，i，（n-1）]+1$$

公式中，A 表示每年支付租金；P 表示等额租金现值；（P/A，i，n）表示等额租金现值系数；n 表示支付租金期数；i 为租费率。

（四）融资租赁筹资的优缺点

1.融资租赁筹资的优点

（1）筹资速度快

融资租赁集"融资"与"融物"于一身，融资租赁使企业在资金短缺的情况下引进设备成为可能。特别是针对中小企业、新创企业而言，融资租赁是一条重要的融资途径。有时，大型企业对于大型设备、工具等固定资产，也需要融资租赁解决巨额资金的需要，如商业航空公司的飞机，大多是通过融资租赁取得的。

（2）财务风险小

融资租赁与购买的一次性支出相比，能够避免一次性支付的负担，而且租金支出是未来的、分期的，企业无须一次筹集大量资金偿还。还款时，租金可以通过项目本身产生的收益来支付。

（3）限制条件较少

企业运用股票、债券、长期借款等筹资方式，都受到相当多的资格条件的限制，如足够的抵押品、银行贷款的信用标准、发行债券的政府管制等。相比之下，租赁筹资的限制条件很少。

（4）延长资金融通期限

通常为设备而贷款的借款期限比该资产的物理寿命要短得多，而租赁的融资期限却可接近其全部使用寿命期限，并且其金额随设备价款金额而定，无融资额度的限制。

（5）避免设备风险

随着科学技术的不断进步，设备陈旧过时的风险很高，而多数租赁协议规定此种风险由出租人承担，承租企业可免受这种风险。

2.融资租赁筹资的缺点

（1）资本成本高

其租金通常比举借银行借款或发行债券所负担的利息高得多，租金总额通常要高于设备价值的30%。尽管与借款方式比，融资租赁能够避免到期的一次性集中偿还的财务压力，但高额的固定租金也给经营带来了分期的负担。

（2）难于改良资产

承租企业未经出租人同意，不得擅自对租赁资产加以改良。

第五节　衍生工具筹资

一、认股权证筹资

（一）认股权证的概念

认股权证全称为股票认购授权证，又称"认股证"或"权证"，是一种由上市公司发行的证明文件，持有人有权在一定时间内以约定价格认购该公司发行的一定数量的股票。

（二）认股权证的种类

1.美式认股证与欧式认股证

按照行使状况分为美式认股权证和欧式认股权证。美式认股证，指权证持有人在到期日期前，可以随时提出履约要求，买进约定数量的标的股票。欧式认股证，是指权证持有人只能于到期日当天，才可以买进标的股票的履约要求。无论股证属于欧式或美式，投资者均可在到期日前在市场出售转让其持有的认股权。事实上，只有一部分权证持有人会选择行权，大部分投资者均会在到期前沽出权证。

权证本身是可以流通的。持有者是否转让沽出，与公司关系不大，应关注的是所有权证无论转让到谁手里，最终持有者是行权还是放弃行权。

2.长期认股权证与短期认股权证

按照认股期限分为长期认股权证和短期认股权证。短期认股权证的认股期限一般在90天以内，认股期限超过90天的，为长期认股权证。

3.认购权证与认沽权证

按照权利内容分为认购权证和认沽权证。在权证合同中规定持有人能以某一个价格买入标的资产，叫作认购权证。在权证合同中规定持有人能以某一个价格卖出标的资产，叫作认沽权证。

4.股本认股权证与备兑权证

按照发行主体分为股本认股权证和备兑权证。股本认股权证属于狭义的认股权证，是由上市公司发行的。备兑权证属于广义的认股权证，是由上市公司以外的第三方（一般为证券公司、银行等）发行的，不增加股份公司的股本。

（三）认股权证筹资的作用

1.一种融资工具

认股权证，保证公司能够在规定的期限内完成股票发行计划，顺利实现融资目标。

2.改善上市公司的治理结构

认股权证进行融资，是缓期分批实现的，上市公司及大股东的利益与投资者是否在到期之前执行认股权证二者密切相关。在认股权证有效期间，上市公司管理层及其大股东做出任何有损公司价值的行为，都可能降低上市公司的股价，进而降低投资者执行认股权证的可能性，并将损害上市公司管理层及其大股东的利益。因此，认股权证优先约束上市公司，激励其努力提升公司的市场价值。

3.推进上市公司的股权激励机制

通过给予公司管理者和重要员工一定的认股权证，将他们的个人利益与企业价值成长紧密联系在一起，建立管理者与员工通过提升企业价值从而实现自身财富增值的利益驱动机制，是常用的员工激励工具。

（四）认股权证筹资的优缺点

1.认股权证筹资的优点

降低相应债券的利率。认股权证的发行人主要是高速发展的小公司，这些公司有较高的风险，直接发行债券需要较高的票面利率。发行附有认股权证的债券，是以潜在的股权稀释为代价换取较低的利息。

2.认股权证筹资的缺点

灵活性较小。附带认股权证的债券发行者，主要目的是发行债券而不是股票，是为了发债而附带期权。认股权证的执行价格，一般比发行时的股价高出 20%~30%。如果将来公司发展良好，股票价格会大大超过执行价格，原有股东会蒙受较大的损失。此外，附带认股权证债券的承销费用会高于债务融资。

二、可转换债券筹资

（一）可转换债券的概念

可转换债券是一种混合型证券，是公司普通债券与证券期权的组合体。可转换债券的持有人在一定期限内，可以按照事先规定的价格或者转换比例，自由地选择是否转换为公司普通股。可转换债券的基本性质表现在以下三个方面：

1.证券期权性

可转换债券给予债券持有者未来的选择权，在事先约定的期限内，投资者可以选择将债券转换为普通股票，也可以放弃转换权利，持有至债券到期还本付息。由于可转换债券持有人具有在未来按一定的价格购买股票的权利，因此可转换债券实质上是一种未来的买入期权。

2.资本转换性

可转换债券在正常持有期，属于债权性质；转换成股票后，属于股权性质。在债券的转换期间，持有人没有将其转换为股票，发行企业到期必须无条件地支付本金和利息。转换成股票后，债券持有人被称为企业股权投资者。资本双重性的转换，取决于投资者是否行权。

3.赎回与回售

可转换债券一般都会有赎回条款，发债公司在可转换债券转换前，可以按一定条件赎回债券。通常，公司股票价格在一段时间内连续高于转股价格达到某一幅度时，公司会按事先约定的价格买回未转换公司债券。同样，可转换债券一般也会有回售条款，公司股票价格在一段时期内连续低于转股价格达到某一幅度时，债券持有人可按事先约定的价格将所持债券回售给发行公司。双重选择权是可转换公司债券最主要的金融特征，能够使投资者和发行人的风险、收益限定在一定的范围内。

（二）可转换债券的基本要素

1.标的股票

作为可转换债券转换期权的标的物，就是可转换成的公司股票。标的股票一般是发行公司自己的普通股票，也可以是其他公司的股票，如该公司的上市子公司的股票。

2.票面利率

可转换债券的票面利率一般会低于普通债券的票面利率，有时甚至还低于同期银行的存款利率。因为可转换债券的投资收益中除了债券的利息收益外，还附加了股票买入期权的收益部分。一个设计合理的可转换债券在大多数情况下，其股票买入期权的收益足以弥补债券利息收益的差额。我国《上市公司发行可转换公司债券实施办法》规定，可转换公司债券的利率及其调整，由发行人根据本次发行的市场情况以及可转换公司债券的发行条款确定。

3.转换价格

转换价格是指可转换债券在转换期间内据以转换为普通股的折算价格，即将可转换债券转换为普通股每股的价格。我国《上市公司发行可转换公司债券实施办法》规定，上市公司发行可转换公司债券，以发行前 30 个交易日股票的平均收盘价为基准，上浮一定幅度作为转股价格。具体上浮幅度由发行人与主承销商商定。

4.转换比率

转换比率是指每一份可转换债券在既定的转换价格下能转换为普通股股票的数量。在债券面值和转换价格确定的前提下，转换比率用公式表示为：

$$转换比率=债券面值/转换价格$$

5.转换期

转换期指的是可转换债券持有人能够行使转换权的有效期限。可转换债券的转换期可以与债券的期限相同，也可以短于债券的期限。转换期间的设定通常有四种情形：债券发行日至到期日；发行日至到期前；发行后某日至到期日；发行后某日至到期前。我国《上市公司发行可转换公司债券实施办法》规定，可转换公司债券的期限最短为 3 年，最长为 5 年；自发行结束之日 6 个月后，方可转换为公司股票。

6.赎回条款

赎回条款是指发债公司按事先约定的价格买回未转股债券的条件规定，赎回一般发生在公司股票价格在一段时期内连续高于转股价格达到某一幅度时。赎回条款通常包括：不可赎回期与赎回期、赎回价格（一般高于可转换债券的面值）、赎回条件（分为无条件赎回和有条件赎回）等。

发债公司在赎回债券之前，要向债权持有人发出赎回通知，要求他们在将债券转股与卖回发债公司之间做出选择。一般情况下，投资者大多会将债券转换为普通股。设置赎回条款最主要的功能是强制债券持有者积极行使转股权，因此又被称为加速条款。同时也能使发债公司避免在市场利率下降后，继续向债券持有人支付较高的债券利率所蒙受的损失。

7.回售条款

回售条款是指债券持有人有权按照事前约定的价格将债券卖回发债公司的条件规定。回售一般发生在公司股票价格在一段时期内连续低于转股价格达到某一幅度时。回售对于投资者而言，实际上是一种卖权，有利于降低投资者的持券风险。与赎回一样，回售条款也有回售时间、回售价格和回售条件等规定。

8.强制性转换调整条款

强制性转换调整条款是指在某些条件具备之后，债券持有人必须将可转换债券转换为股票，无权要求偿还债权本金的条件规定。可转换债券发行之后，其股票价格可能出现巨大波动。如果股价长期表现不佳，又未设计回售条款，投资者就不会转股。公司可设置强制性转换调整条款，保证可转换债券顺利地转换成股票，预防发生投资者到期集中挤兑引发公司破产的悲剧。强制性转换调整条款又称向下修正条款。

（三）可转换债券筹资的优缺点

1.可转换债券筹资的优点

（1）筹资灵活

可转换债券将传统的债务筹资功能和股票筹资功能结合起来，筹资性质和时间上具有灵活性。债券发行企业先以债务方式取得资金，到了债券转换期，如果股票市价较高，债券持有人将会按约定的价格转换为股票，避免企业还本付息的负担。如果公司股票长期低迷，投资者不愿意将债券转换为股票，企业即时还本付息清偿债务，也能避免未来长期的股权资本成本负担。

（2）资本成本较低

可转换债券的利率低于同一条件下普通债券的利率，降低了公司的筹资成本；此外，在可转换债券转换为普通股时，公司无须另外支付筹资费用，又节约了股票的筹资成本。

（3）筹资效率高

可转换债券在发行时，规定的转换价格往往高于当时公司的股票价格。如果这些债券将来都转换成了股权，这相当于在债券发行之际，就以高于当时股票市价的价格新发行了股票，以较少的股份代价筹集了更多的股权资金。因此在公司发行新股时机不佳时，可以先发行可转换债券，以期将来变相发行普通股。

2.可转换债券筹资的缺点

（1）存在不转换的财务压力

如果在转换期内公司股价处于恶化性的低位，持券者到期不会转股，会造成公司集中兑换债券本金的财务压力。

（2）存在回售的财务压力

若可转换债券发行后，公司股价长期低迷，在设计有回售条款的情况下，投资者集中在一段时间内将债券回售给发行公司，加大了公司的财务支付压力。

（3）存在股价大幅度上扬的危险

如果债券转换时公司股票价格大幅度上扬，公司只能以较低的固定转换价格换出股票，这会降低公司的股权筹资额。

参 考 文 献

[1]柴国柱.统计分析在财务管理工作中的应用研究[J].中外企业家，2020（15）：1.

[2]李艳.浅谈统计分析在财务管理中的应用[J].大众商务，2020（7）：1.

[3]朱乐乐.统计学方法在企业财务管理相关方面的运用分析[J].中外企业家，2020（28）：76.

[4]李高原.论统计分析方法在基层经济统计工作中的应用分析[J].中国科技投资，2020（21）：10+17.

[5]牛春波.统计分析在财务管理中的运用研究[J].市场调查信息：综合版，2021（14）：16-17.

[6]张羽.统计分析在财务管理中的应用探讨[J].数码设计（上），2020，9（4）：131.

[7]韦凤喜.统计分析在财务管理中的应用分析[J].商业2.0（经济管理），2020（11）：1.

[8]张琳.统计分析在财务管理中的应用探究[J].纳税，2019（34）：126-127.

[9]代海平.统计学在企业财务管理中的运用分析[J].中小企业管理与科技，2020（34）：42-43.

[10]刘蓉娜.会计统计方法在企业财务管理中的应用分析[J].财会学习，2020（31）：96-97.

[11]侯英杰.统计分析在财务管理工作中的应用研究[J].中义科技期刊数据库（全文版）经济管理，2022（12）：163-166.

[12]黄邦钧.统计分析在企业财务管理中的运用试析[J].休闲，2020（32）：120.

[13]汪誉.企业财务管理中统计分析的应用[J].市场周刊·理论版，2020（21）：94-95.

[14]高洁.企业财务管理中统计分析的应用探讨[J].商情，2019（40）：41.

[15]刘渤.企业财务管理中统计分析的应用探讨[J].现代经济信息,2019(2):321.

[16]王利.企业财务管理中统计分析的有效应用探讨[J].纳税,2019(19):93-94.

[17]张晓明.统计数据分析在现代企业财务管理中的应用[J].新商务周刊,2020(4):99.

[18]杨乙.统计学在企业财务管理中的运用分析[J].上海商业,2022(6):108-110.